La retraite en France

Pour Comprendre

Collection dirigée par Bruno Péquignot

L'objectif de cette collection *Pour Comprendre* est de présenter en un nombre restreint de pages une question contemporaine qui relève des différents domaines de la vie sociale.

L'idée étant de donner une synthèse du sujet tout en offrant au lecteur les moyens d'aller plus loin, notamment par une bibliographie sélectionnée.

Cette collection est dirigée par un comité éditorial composé de professeurs d'université de différentes disciplines. Ils ont pour tâche de choisir les thèmes qui feront l'objet de ces publications et de solliciter les spécialistes susceptibles, dans un langage simple et clair, de faire des synthèses.

Dernières parutions

Félicia MICHOT, *La philosophie d'Athènes à Rome et ses philosophes*, 2023.

Armel ANGOUNDZA MBELLA, *Les métamorphoses de la démocratie, De la genèse à l'heure actuelle*, 2023.

Michel BOURSE, Halime YÜCEL, *Pour comprendre l'analyse conversationnelle*, 2022.

Catherine BELAUE, *Les Noirs dans l'ADN des Etats-Unis. L'histoire d'un pays,* 2022.

Kpoti Valère MENSAH-EDOE, *Malaise socio-culturel et violence juvénile en France. Analyse des causes de la violence chez les jeunes,* 2022.

Bilina Iba BALLONG, *Philosophie, éducation et développement en Afrique*, 2022.

Jean-François de VULPILLIÈRES, *La prise de pouvoir par le Général de Gaulle, 1940-1944. Étude historique,* 2022.

Zachary DE SAINT-MEDE, *Dominique de Villepin au Quai d'Orsay (2002-2004),* 2022.

Kevin REBECCHI, *La neurodiversité*, 2022.

Alain BENAZET, *Lorsque l'Europe paraît*, 2022.

Yves Batard

La retraite en France

La complexité issue de 350 ans d'histoire

L'Harmattan

Du même auteur

De l'influence heureuse... à la reconnaissance syndicale, mémoire de DHEPS, Université Paris III-Sorbonne Nouvelle, décembre 1996.

Première approche du droit administratif et du contentieux administratif, Les dossiers de la FEP, n° 9 – février 1999.

La protection sociale duale, mémoire de DEA de droit social, Université de Nantes, 2000.

La protection sociale des agents publics et des salariés. Égalité de droits, inégalités de traitement, coll. « Logiques juridiques », L'Harmattan, juin 2004.

La retraite en France, Comprendre pour mieux débattre, coll. « Pour comprendre », L'Harmattan, février 2022.

5-7, rue de l'École-Polytechnique, 75005 Paris

www.editions-harmattan.fr

ISBN : 978-2-14-033598-3
EAN : 9782140335983

Sommaire

Prologue

Dans un premier livre « *La retraite en France - Comprendre pour mieux débattre* »[1] j'ai voulu expliquer ce qu'était la retraite en France.

Le livre, dans sa première partie, était une étude dont le point de départ était simplement l'explication et le commentaire des chiffres donnés par une affiche publiée par l'AGIRC-ARRCO chaque année[2].

Dans la deuxième partie plutôt essai j'avais développé quelques réflexions pour trouver les conditions qui, un jour, pourraient permettre d'harmoniser les différents régimes de la retraite en France.

Pour débuter, ce second livre « *La retraite en France - La complexité issue de 350 ans d'histoire* » je tiens à préciser à mes lecteurs d'où je parle.

Je ne suis ni historien ni universitaire ni même un technicien ou un technocrate de la protection sociale.

Mais je suis un citoyen épris de parler-vrai, c'est-à-dire parlant de manière sincère et simple, m'exprimant avec authenticité et franchise. Je suis également épris de transmission de mémoire. « *Après avoir vécu ¾ de siècle, j'estime que la plupart des connaissances que j'ai emmagasinées dans ma mémoire individuelle peuvent et doivent être transmises à ceux qui me succéderont pour que ces derniers puissent, à leur tour, continuer à comprendre la société dans laquelle ils vivent et continuer à écrire son histoire* ».

---

[1] Batard Yves, *La retraite en France – Comprendre pour mieux débattre*, L'Harmattan, coll. Pour comprendre, février 2022, 113. p.

[2] Voir en annexe

Formé pour devenir enseignant, j'ai fait des études de mathématiques et de physiques. J'ai enseigné en collège, les mathématiques, la technologie, les sciences physiques et accessoirement des disciplines que beaucoup jugeaient et jugent encore comme secondaires.

Militant syndical, j'ai parcouru et découvert les codes du Travail et de la Sécurité sociale, deux livres qu'on pouvait glisser dans la poche de son manteau il y a 50 ans.

Par la formation continue, j'ai repris des études en sciences sociales découvrant comment "*De l'influence heureuse... à la reconnaissance syndicale*"[3] on arrivait au changement social.

Après avoir poursuivi par des études en droit social, j'ai analysé la dualité des systèmes de protection sociale qui coexistent dans certaines entreprises privées pour découvrir qu'une égalité de droit pouvait se traduire par une inégalité de traitement[4].

Faute d'harmonisation des régimes de protection sociale, pour la couverture du risque invalidité - décès l'égalité de droits entre fonctionnaires et salariés des entreprises privées se traduisait par une inégalité de traitement. Ce sera l'objet d'un livre publié en 2004[5].

Depuis 2006, je suis en retraite, j'ai cessé ma vie active de salarié.

---

[3] Batard Yves, *De l'influence heureuse... à la reconnaissance syndicale*, mémoire de DHEPS, Université Paris III-Sorbonne Nouvelle, décembre 1996.

[4] Batard Yves, *La protection sociale duale*, mémoire de DEA de droit social, Université de Nantes, 2000.

[5] Batard Yves, *La protection sociale des agents publics et des salariés. Égalité de droits, inégalités de traitement*, coll. « Logiques juridiques », L'Harmattan, juin 2004.

Au début de l'année 2022, m'ai venu l'idée de mettre par écrit ce que savais sur la retraite, mes connaissances liées à mon expérience d'administrateur dans une caisse AGIRC et un groupe de protection sociale.

En janvier 2022, on était à la veille d'une campagne présidentielle qui devait réouvrir le débat sur les retraites, débat brutalement interrompu par la pandémie du Covid 19.

J'ai estimé que pour débattre des retraites il fallait d'abord comprendre ce qu'était la retraite. En février 2022, je publiais « *La retraite en France – Comprendre pour mieux débattre* »[6].

En 2023, pour comprendre encore mieux, j'ai voulu retrouver l'histoire de la retraite et j'ai voulu en écrire davantage afin de mieux faire comprendre la complexité de la retraite en France.

Fin janvier 2023, un nouveau livre : « *La retraite en France - La complexité issue de 350 ans d'histoire* » était rédigée.

L'histoire de la retraite et de la protection sociale en France est le résultat cumulatif de 350 ans d'histoire. De 1673 à 2023 de nombreux textes, notes, édits, lois, décrets, accords nationaux interprofessionnels ont été édictés, votés, publiés, appliqués. Ils ont trait aux pensions de vieillesse, aux rentes, à la retraite, à l'épargne-retraite et autres sujets connexes, ayant des rapports de proximité avec la retraite…

Depuis 350 ans les textes se sont empilés. Parfois ils se chevauchent, parfois ils se complètent mais souvent ils s'ignorent les uns les autres rendant complexe la retraite en France et surtout sa compréhension.

---

[6] Voir note 1

Avant de débattre de la retraite en France il faut comprendre le sens des mots, le sens dans lequel ils ont été utilisés, ils ont évolué et surtout il faut se remettre en mémoire une partie de l'histoire des 350 années au cours desquelles l'empilement des textes a créé la complexité.

Yves Batard, l'auteur.

La retraite en France une accumulation, un empilement de textes qui se superposent, s'entrecroisent depuis plus de 350 ans.

Retour sur l'histoire d'avant 1945

Les premières traces, celles qui sont admises comme les plus anciennes dans l'histoire de la protection sociale en France remontent à l'époque de Colbert (1619 – 1683) qui fut l'un des principaux ministres de Louis XIV (1638 - 1715) et qui fut son secrétaire d'État à la marine à partir de 1669…

Le Fonds des invalides de la Marine

Déjà, en 1666, Colbert place la guerre de mer comme devant être la première et la plus importante des dépenses. En 1673, par un Édit du 23 septembre, il crée un système de retraite, imposant aux marins une retenue sur leur solde pour financer le Fonds des invalides de la Marine. Dans une note du 7 août 1675, il instaure "*le mois des familles*" permettant aux ayants droit des marins blessés ou décédés de percevoir un versement équivalent à un mois de solde.

Quand Colbert décède, en 1683, son fils Jean-Baptiste de Seignelay (1651 - 1690) devint alors Secrétaire d'État à la Marine.

En 1689, Jean-Baptiste de Seignelay publia une grande ordonnance qui demeurera en vigueur jusqu'à la révolution. Elle mettait en place, le régime de la demi-solde de pension qui imposait de verser des rentes aux marins et aux officiers blessés ou estropiés. Les conditions de versement de ces rentes furent étendues en 1709 aux infirmités liées à l'âge et aux personnels de la marine commerciale par Jérôme Phélypeaux de Pontchartrain (1649 - 1727) qui fut secrétaire d'État de la Marine de septembre 1699 à octobre 1715.

En 1784, une ordonnance du maréchal Charles-Eugène de Castries (1727 - 1801) va autoriser l'attribution d'une pension à chaque marin âgé d'au moins 60 ans et autoriser le versement d'une année de solde à l'épouse et aux enfants de tout marin décédé.

La caisse des Fermiers généraux

Au temps de Colbert et quand il est décédé, en 1683, l'administration était supervisée par la Ferme générale qui « *était une compagnie privée de l'Ancien Régime, active au XVIIIe siècle, associant de riches financiers qui percevaient des taxes sur la marchandise et avaient l'avantage d'en garder l'argent collecté, moyennant quoi ils versaient une somme au roi* »[7].

Sous Louis XV (1710 - 1774) un droit à la retraite va être institué pour les salariés de la Ferme générale et des fermes provinciales.

La Ferme générale va, en 1768, concevoir le premier système de retraite organisé en France. Le 13 février 1768, une délibération annonce la création d'une caisse « *pour procurer des retraites aux employés des brigades que leur vieillesse, leurs infirmités ou*

---

[7] https://zims-fr.kiwix.campusafrica.gos. orange.com/vikidia_fr_all_maxi/A/Ferme_g%C3%A9n%C3%A9rale.html

accidents fâcheux mettent hors d'état de service»... La caisse de retraite des fermiers généraux disparaîtra fin 1780.

Une Caisse nationale de prévoyance avait été prévue par l'article 13 de la loi 19 mars 1793. Cette caisse ne sera jamais créée. On est sous la Convention nationale (1792 - 1795) mise en place en 1792. Louis XVI a été exécuté le 21 janvier 1793 et Robespierre prend le pouvoir en juin 1793. C'est le début de la 1re guerre de Vendée. La première bataille de Cholet[8] a lieu le 14 mars 1793 et la bataille de Machecoul[9] a lieu le 10 juin 1793.

Le 26 octobre 1795, soit le 4 brumaire an IV du calendrier révolutionnaire, la Convention nationale prend un arrêté sur la question des retraites des anciens salariés de la Ferme générale et des fermes provinciales.

En 1797, c'est la période du Directoire (26 octobre 1795 – 9 novembre 1799), l'arrêté du 4 brumaire an IV[10] sera complété par un arrêté du 21 avril, du 2 floréal an V, dont les dispositions concernent les pensions des agents de douanes. Le droit à retraite leur est ouvert à partir de 30 années de service.

Les caisses de retenues des fonctionnaires

Au début du XIXe siècle, Napoléon Bonaparte (1769 - 1821) qui fut Premier consul en 1800 puis empereur en 1804, soutient toutes les initiatives visant à développer le droit à la retraite des fonctionnaires.

---

[8]https://fr.wikipedia.org/wiki/Bataille_de_Cholet_(14_mars_1793)
[9]https://fr.wikipedia.org/wiki/Bataille_de_Machecoul_(10_juin_1793),
[10] https://archive.org/details/decretdelaconven00fra_46t

À partir de 1804 se mettent en place de nombreux régimes retraite :

- Ingénieurs des Ponts et Chaussées
- Capitaines des ports
- Ouvriers de l'Imprimerie Nationale
- Ouvriers des Poudres et Salpêtres
- Personnels des Postes
- des fonctionnaires ecclésiastiques
- des employés de préfectures
- agents du Conseil d'État
- agents du ministère de la guerre
- agents du ministère de la Justice
- agents du ministère de l'Intérieur
- agents du ministère des Finances
- agents du ministère des Affaires étrangères

Chaque corps de fonctionnaires se dote d'une caisse qui reste spécifique au corps. Les taux appliqués, les conditions d'ouverture des droits diffèrent d'un corps à l'autre. Dans la plupart des cas il est nécessaire d'avoir effectué au moins 20 ou 30 années de service. La plupart des caisses fonctionnent avec une logique proche de la capitalisation. La multiplication des caisses alimentera de vifs débats pendant l'Empire (1804 - 1815) et la Restauration (1815 - 1830).

Pensions pour les militaires

Depuis 1673 et la création du Fonds des invalides de la Marine plusieurs textes ont aménagé la retraite des militaires. Mais il faut attendre la Restauration (1815 - 1830) pour qu'on arrive à une clarification des dispositions applicables.

En 1831, deux lois, l'une du 11 avril va traiter des droits aux pensions au sein de l'armée de terre et l'autre du 18 avril va traiter des droits aux pensions au sein de la marine[11]. Les droits à pension peuvent être exercés à la fin de la 25e année de service dans la marine et à la fin de la 30e dans l'armée de terre. Les dispositions de ces deux lois seront révisées régulièrement pour adapter et actualiser les conditions d'exercice du droit à la retraite. Aussi de 1861 à 1924 on compte plusieurs lois de révisions : loi du 25 juin 1861 ; loi du 26 avril 1865 ; loi du 10 avril 1869 ; loi du 30 décembre 1913 ; loi du 25 mars 1920 ; loi du 12 avril 1922 et la loi du 14 avril 1924 portant réforme du régime des pensions civiles et des pensions militaires qui a accordé à tous les anciens combattants fonctionnaires ou assimilés le bénéfice de la campagne double[12].

Mise en place dans le secteur privé ; les Secours mutuels

Lors de la Seconde République (1848 - 1852) l'assistance aux vieux travailleurs préoccupe. Les débats opposent bonapartistes, orléanistes, socialistes, libéraux…

En 1850, une loi du 18 juin, créée sous la garantie de l'État, une caisse de retraites ou rentes viagères pour la vieillesse. « *Elle offre aux ouvriers laborieux un organisme solvable assurant la perpétuité des engagements à long terme* »[13]

---

[11] https://www.senat.fr/evenement/archives/D32/milit.htm *Dossiers d'histoire < Lois de 1853 sur les retraites des fonctionnaires,*

[12] Loi portant réforme du régime des pensions civiles et militaires du 14 avril 1924, article 36, JORF_19240415_105

[13] Cité par Ferdinand-Dreyfus, *Les Caisses de retraites et la mutualité devant la Constituante et devant la Législative (1848-1851)*, Revue d'histoire du XIXe siécle-1848/Année 1906/1pp.15-26, https://www.persee.fr/doc/r1848_1155-8814_1906_num_3_13_1820

En 1850, la loi du 15 juillet reconnait les sociétés de secours mutuels qui pratiquent l'entraide entre leurs adhérents pour réduire les effets de problèmes comme la maladie, l'infirmité, les accidents, le chômage, le décès ou, plus marginalement, la retraite.

En 1851, le 11 mai, est mise en place la Caisse des retraites pour la vieillesse. Les fonds collectés par les secours mutuels sont transférés à la Caisse des retraites pour la vieillesse. Mais la grande majorité des salariés n'a pas les moyens de cotiser. C'est la bourgeoisie aisée qui y voit l'opportunité d'investissement.

La loi du 28 mai 1853 va tenter de corriger des effets pervers de la loi de 1851 en limitant le taux d'intérêt des versements à 4,5 % et en fixant un plafond aux souscriptions. En 1864, la loi du 4 mai porte à 1 500 francs le plafond des retraites et à 4 000 francs celui des versements. Une loi du 11 juin 1868 va créer une Caisse d'assurance en cas de décès et une Caisse d'assurance en cas d'accidents qui vont venir compléter les prestations de la Caisse des retraites pour la vieillesse. En 1886, la loi du 20 juillet change le nom de la Caisse des retraites pour la vieillesse qui devient la Caisse « *nationale* » des retraites pour la vieillesse.

Le régime unifié des fonctionnaires

Pendant de nombreuses années, les résistances sociales, le poids des « *traditions corporatives* » et les réticences politiques font reporter les tentatives de changements. Il faut attendre 1853 pour qu'une loi du 9 juin 1853[14] institue un régime de pensions pour tous les fonctionnaires civils et militaires. « *La loi du 8 juin 1853 vient donc trancher en faveur d'une intervention*

[14] **Loi du 9 juin 1853** sur les retraites des fonctionnaires, https://www.senat.fr/evenement/archives/D32/1853a.html

explicite de l'État, elle confirme un mécanisme qui va désormais se perpétuer jusqu'à aujourd'hui et qui combine la centralisation des pensions au Trésor, la participation financière conjointe et simultanée de l'État et des fonctionnaires, la répartition des allocations entre les fonctionnaires cotisants. »[15]

La retraite des Mineurs

Un édit de 1604 imposait aux propriétaires de mines de remettre un trentième des produits extraits à leur Trésorier afin d'ouvrir un crédit permettant que « *les pauvres blessés soient secourus gratuitement et, par cet exemple de charité, les autres plus encouragés au travail des dites mines et de s'attacher les services d'un chirurgien.* »[16]

Il fallut attendre la loi du 29 juin 1894[17] pour voir l'institution d'un véritable régime de prévoyance sociale obligatoire par capitalisation en faveur des travailleurs du sous-sol. La loi du 25 février 1914 modifia celle du 29 juin 1894 en ce qui concernait l'assurance vieillesse. L'organisation retenue pour l'assurance vieillesse combinait capitalisation et fonds spécial de répartition (versement sur les salaires, versement patronal, contributions de l'État). La loi créait, également, une « *Caisse autonome des retraites des ouvriers mineurs* », la CAROM, laissant toujours la possibilité de rester assuré

---

[15] Jean-Marie Thiveaud, Antoine Mérieux, Christophe Marchand, *Le régime des retraites des fonctionnaires civils avant la loi de « budgétisation » du 8 juin 1853, Revue d'économie financière, n° 35, 1995. p295*
www.persee.fr/doc/ecofi_0987-3368_1995_num_35_4_2229

[16] https://politiques-sociales.caissedesdepots.fr/retraite-des-mines/historique

[17] **Loi du 29 juin 1894** sur les caisses de secours et de retraites des ouvriers mineurs ,
https://travail-emploi.gouv.fr/IMG/pdf/Loi_du_29-06-1894.pdf

auprès des anciennes caisses patronales[18]. Mais la destruction des mines du nord de la France durant la guerre 1914-1918 démontra l'avantage et la sécurité d'une caisse reposant sur la solidarité nationale.

La retraite du personnel des chemins de fer

La première caisse de retraite par la Compagnie du Chemin de fer de Paris à Orléans fut créée en 1845. Par la suite d'autres furent créées par la Compagnie des chemins de fer de l'ouest, du nord, du midi, de Paris à Lyon. Ce sont des caisses de pensions additionnelles. Elles permettaient de fidéliser les salariés qui en cas de démission ou révocation perdaient leurs droits. Mais la diversité des caisses conduit l'État à légiférer en 1890. Une loi du 27 décembre 1890 fait obligation d'homologation ministérielle pour les différentes caisses.

L'harmonisation des régimes de retraite des cheminots arrivera en 1909 avec la loi du 21 juillet 1909[19] relative aux conditions de retraite du personnel des grands réseaux de chemins de fer d'intérêt général. Elle rend obligatoire l'affiliation de tous les salariés. « *La pension de retraite sera égale à la moitié du traitement ou salaire moyen lorsque la double condition d'âge et de durée d'affiliation ci-dessous sera remplie, savoir : Pour les mécaniciens, chauffeurs et agents des trains, cinquante ans d'âge et vingt-cinq ans d'affiliation. Pour le personnel de tous les autres services, cinquante-cinq ans d'âge et vingt-cinq ans d'affiliation.* »

---

[18] https://politiques-sociales.caissedesdepots.fr/retraite-des-mines/historique

[19] **Loi du 21 juillet 1909** relative aux conditions de retraite du personnel des grands réseaux de chemins de fer d'intérêt général, JORF n° 0917 du 23 juillet 1909, https://www.legifrance.gouv.fr/

En 1911, une loi du 28 décembre, va apporter de nouvelles harmonisations et des améliorations pour les pensions de réversion. En 1921, les compagnies ferroviaires s'alignent sur les conditions faites par l'État à ses fonctionnaires, mesures qu'elles appliqueront en 1924.

Les rentes ouvrières et paysannes

Après la création de la Caisse nationale des retraites par la loi du 20 juillet 1886 les oppositions entre partis politiques et mouvements ouvriers sont nombreuses notamment pour savoir comment créer un régime général de retraite. Entre la première proposition de loi sur le sujet et l'adoption d'une loi qui est considérée comme la loi instituant le premier système obligatoire d'assurance vieillesse en France, il a fallu attendre 30 ans.

La loi du 5 avril 1910, institue une « *retraite de vieillesse* » pour les salariés du commerce, de l'industrie et de l'agriculture. Cette retraite devait être « *constituée par des versements obligatoires et facultatifs des assurés, par des contributions des employeurs et par une allocation viagère de l'État.* »[20]

Dans cette loi, l'âge de retraite est fixé à 65 ans mais une liquidation anticipée est possible à 55 ans. La loi place hors du régime les salariés ayant une rémunération annuelle supérieure à 3 000 francs. Dans l'entre-deux-guerres certains ont pu assimiler la loi de 1910 à une loi de « *retraite pour les morts* » car l'espérance de vie était alors peu élevée. Elle était de moins de 45 ans en 1900 et aux alentours de 50 ans avant la guerre de 1914-1918.

---

20 https://www.clesdusocial.com/avril-1910-premiere-loi-sur-la-retraite.

Les assurances sociales et la MSA

Pour instituer les assurances sociales, il faudra attendre 1928.

Dans son article 1er la loi du 5 avril 1928 sur les assurances sociales prévoit « *les assurances sociales couvrent les risques maladies, invalidité prématurée, vieillesse, décès, participent aux charges de famille, de maternité, et de chômage involontaire par manque de travail...* »[21]. Les dispositions relatives au risque vieillesse sont dans les articles 13 à 18. Il faut justifier à l'âge de 60 ans d'au moins trente années entières pour bénéficier pleinement de ses droits.

L'histoire législative de la protection sociale agricole est un peu différente. Le point de départ est la loi du 4 juillet 1900 qui a permis en France la véritable naissance, puis l'organisation, du mouvement mutualiste agricole. Les Assurances Mutuelles Agricoles ont été créées pour protéger et servir les agriculteurs qui représentaient à l'époque 80 % de la richesse nationale. La loi du 4 juillet 1900 qui a consacré l'existence des mutuelles garantissant les agriculteurs contre les risques pouvant survenir sur les exploitations[22]. Ainsi depuis 1900 les agriculteurs s'étaient organisés en créant des caisses locales « *pour faire face aux difficultés provoquées par les intempéries, les maladies, les accidents, le vieillissement ou la perte de bétail* ». Elles étaient fédérées au sein du groupement des Assurances mutuelles agricoles qui devient en 1930

---

21 https://www.securite-sociale.fr/la-secu-cest-quoi/histoire/les-grands-textes
http://www.archivesnationales.culture.gouv.fr/chan/chan/series/pdf/f22-2011.pdf

22 https://www.musee-assurance-maladie.fr/sites/default/ files/ users/user38/MSA.pdf

la MSA (Mutualité sociale agricole). En 1949 naît la Caisse centrale de mutualité sociale agricole qui représente la MSA au niveau national et contribue à la mise en œuvre de la politique sociale agricole.

En 1951, la loi n° 51-374 du 27 mars 1951[23] relative au régime de l'assurance vieillesse, et notamment son article 18, prévoit qu'un décret déterminera le régime des pensions de vieillesse et d'invalidité applicable aux assurés sociaux appartenant aux professions agricoles et forestières en vue d'assurer l'harmonisation et l'équivalence des avantages à partir de la même date du 1er janvier 1951 des régimes agricoles et non agricoles d'assurances sociales, sans qu'une nouvelle charge financière puisse en résulter pour le régime des assurances sociales applicable aux assurés des professions non agricoles.

Le décret n° 51-727 du 6 juin 1951[24] fixera le régime des pensions de vieillesse et d'invalidité de l'assurance obligatoire agricole. Ce décret a été abrogé en 1990. C'est donc en 1951 qu'est instituée une assurance vieillesse pour les salariés agricoles. Pour les exploitants agricoles, la gestion des retraites est confiée à la Caisse nationale d'allocations vieillesse mutuelles agricoles, la CNAVMA qui sera créée en 1952.

Une ordonnance, l'ordonnance n° 67-706 du 21 août 1967[25], relative à l'organisation administrative

---

[23] **Loi n° 51-374 du 27 mars 1951** relative au régime de l'assurance vieillesse, Jorf du 29 mars 1951,
https://www.legifrance.gouv.fr/jorf/id/JORFTEXT000000336226

[24] **Décret n° 51-727 du 6 juin 1951**, JORF du 9 juin 1951,
https://www.legifrance.gouv.fr/jorf/id/JORFTEXT000000868022

[25] **Ordonnance n° 67-706 du 21 août 1967** relative à l'organisation administrative et financière de la Sécurité sociale, JORF du 22 août 1967,
https://www.legifrance.gouv.fr/jorf/id/JORFTEXT000000339812

et financière de la Sécurité sociale confirmera les prérogatives des caisses de la MSA dans son article 65 : « *Les caisses de mutualité sociale agricole assurent le recouvrement des cotisations de prestations familiales, d'assurance maladie et d'assurance vieillesse dues au titre du régime des salariés agricoles ainsi que le service des prestations correspondantes* ».

Création de l'allocation aux vieux travailleurs sous Vichy

En 1941, le décret-loi du 14 mars 1941[26], du gouvernement de Vichy avait institué l'AVTS (Allocation aux vieux travailleurs salariés). La loi instaurait pour les travailleurs salariés un premier étage du minimum vieillesse et une pension de retraite par répartition pour les assurés du commerce et de l'industrie et les professions agricoles.

---

[26] Voir : Laroque Pierre, *La retraite des vieux. La réforme de l'assurance sociale vieillesse et de l'assistance aux vieillards : commentaire des lois des 14 mars et 29 mars 1941* dans Revue d'histoire de la protection sociale 2020/1 (N° 13) pp.135 à 150

La retraite en France depuis 1945

Après la Seconde Guerre mondiale (1939 - 1945) la France est à reconstruire. Le système de protection sociale est très hétérogène. Le programme du CNR (Conseil national de la résistance)[27] inspiré des propositions du rapport Beveridge de 1942[28] va déboucher sur la création de la Sécurité sociale, une réforme qui a pour but d'assurer des moyens d'existence et de soins à tous les citoyens s'imposera sur l'ensemble du territoire. Ce sera l'ordonnance n° 45-2250 du 4 octobre 1945[29] qui portera organisation de la Sécurité sociale. Dans son article 1er elle précise : « *Il est institué une organisation de la Sécurité sociale destinée à garantir les travailleurs et leurs familles contre les risques de toute nature susceptibles de réduire ou de supprimer leur capacité de gain, à couvrir les charges de maternité et les charges de famille qu'ils supportent.* »

Dans l'ordonnance n° 45-2250 du 4 octobre 1945, il est explicitement prévu à l'article 17 que « *les professions agricoles et forestières restent soumises au régime actuel et sont provisoirement soumises à une organisation spéciale de sécurité sociale les branches d'activité ou entreprises énumérées par le règlement général d'administration publique parmi celles jouissant déjà d'un régime spécial.* »

---

[27] https://fr.wikipedia.org/wiki/Programme_du_Conseil_national_de_la_R%C3%A9sistance

[28] Nicole Kerschen, *L'influence du rapport Beveridge sur le plan français de sécurité sociale de 1945*, Revue française des sciences politiques/année 1995/45-4/pp.570-595, https://www.persee.fr/doc/rfsp_0035-2950_1995_num_45_4_403559

[29] **Ordonnance n° 45-2250 du 4 octobre 1945** portant organisation de la sécurité sociale, JORF n° 235 du 6 octobre 1945, https://www.legifrance.gouv.fr/jorf/id/JORFTEXT000000698857

La CNRACL (Caisse Nationale de retraites des agents des collectivités locales) qui couvre les risques vieillesse et invalidité des fonctionnaires territoriaux et hospitaliers fait partie ces régimes spéciaux. La CNRACL avait été créée par l'ordonnance n° 45-993 du 17 mai 1945[30] en son article 3. Le décret n° 47-1846 du 19 septembre 1947[31] portera le règlement d'administration publique pour la constitution de cette caisse.

L'ordonnance n° 45-2454 du 19 octobre 1945[32] complète l'ordonnance du 4 octobre 1945. Elle organise les assurances sociales pour « *les risques de maladie, d'invalidité, de vieillesse et de décès, ainsi que des charges de maternité* ». Les salariés de la Compagnie du métropolitain de Paris, un des ancêtres de la RATP, qui disposaient d'un régime spécial depuis 1939 garderont en 1949 un régime spécial qui donnera le régime des agents de la RATP.

Autre date importante dans l'histoire de la retraite en France, la signature le 14 mars 1947 de la convention collective nationale de retraite et de prévoyance des cadres signée par le CNPF (Conseil national du Patronat Français), le cartel confédéral des ingénieurs et cadres supérieurs (CGT) la fédération Française des syndicats d'ingénieurs et cadres (CFTC) et la Confédération

---

[30] **Ordonnance n° 45-993 du 17 mai 1945** services publics des départements et communes et de leurs établissement publics, https://www.legifrance.gouv.fr/jorf/id/JORFTEXT000000338923

[31] **Décret n° 47-1846 du 19 septembre 1947**, JORF du 20 septembre 1947
https://www.legifrance.gouv.fr/jorf/id/JORFTEXT000000669841

[32] **Ordonnance n° 45-2454 du 19 octobre 1945** fixant le régime des assurances sociales applicable aux assurés des professions non agricoles,
https://www.securite-sociale.fr/la-secu-cest-quoi/histoire/les-grands-textes

générale des cadres (CGC). Elle doit s'appliquer obligatoirement aux cadres et ingénieurs et à certains employés, techniciens et agents de maîtrise. L'accord instituait un régime de retraite par répartition sur la tranche supérieure au plafond fixé pour les cotisations de la Sécurité sociale.

La Loi n° 48-101 du 17 janvier 1948[33] va instituer une allocation vieillesse pour les personnes non-salariées. « *Une organisation autonome d'allocation de vieillesse est instituée pour chacun des groupes de professions ci-après : 1° Professions artisanales ; 2° Professions industrielles et commerciales ; 3° Professions libérales ; 4° Professions agricoles. Les allocations de vieillesse sont accordées à partir de l'âge de soixante-cinq ans, ou de soixante ans pour les personnes reconnues inaptes au travail.* »

Les personnes qui n'appartenaient pas à ces catégories restaient soumises aux dispositions de la loi du 14 juillet 1905[34], sur l'assistance obligatoire des vieillards et infirmes qui avait été l'amorce du système français de solidarité sociale républicaine sous la Deuxième République (24 février 1848 - 2 décembre 1851).

En 1948, le décret n° 48-1179 du 19 juillet 1948[35] va porter création de la CNAVPL, (Caisse nationale d'assurance vieillesse des professions libérales) avec 13 sections professionnelles.

---

[33] **Loi n° 48-101 du 17 janvier 1948**, JORF du 18 janvier 1948

[34] Dugé de Bernonville. *La Loi du 14 juillet 1905 sur l'assistance aux vieillards, aux infirmes et aux incurables : ses premiers résultats. Journal de la Société de statistique de Paris,* Tome 52 (1911), pp. 216-229. http://www.numdam.org/item/JSFS_1911_52_216_0/

[35] **Décret n° 48-1179 du 19 juillet 1948**, https://www.legifrance.gouv.fr/loda/article_lc/LEGIARTI000006764051/1948-07-24

Après la loi de janvier 1948, les artisans avaient créé la CANCAVA (Caisse Nationale de Compensation d'Assurances Vieillesse des Artisans) et les travailleurs indépendants l'ORGANIC (Organisation Autonome Nationale de l'Industrie et du Commerce).

En 1949 sera créée l'Institution de prévoyance des agents contractuels et temporaires de l'État qui va gérer leurs retraites complémentaires.

Il faudra attendre 1959 pour la création de l'Institution générale de retraite des agents non titulaires de l'État et 1971 pour la création de l'Institution de retraite complémentaire des agents non titulaires de l'État et des collectivités publiques.

En 1956, la loi n° 56-639 du 30 juin 1956[36] va instituer un fonds national de solidarité en vue de promouvoir une politique générale de protection des personnes âgées par l'amélioration des pensions, retraites, rentes et allocations de vieillesse. Ce fonds finançait le minimum vieillesse qui a été remplacé par l'ASPA (Allocation de solidarité aux personnes âgées) en 2006 par mise en vigueur de l'ordonnance n° 2004-605 du 24 juin 2004[37].

Le patronat français fut longtemps défavorable à une généralisation des retraites complémentaires qu'il avait acceptée dans de nombreuses branches depuis 1948. En 1956 on dénombrait toutefois environ 700 institutions, caisses de régimes différents.

---

[36] **Loi n° 56-639 du 30 juin 1956** portant institution d'un fonds national de solidarité, https://www.legifrance.gouv.fr/jorf/article_jo/JORFARTI000002072029

[37] **Ordonnance n°2004-605 du 24 juin 2004** simplifiant le minimum vieillesse, JORF n° 0147 du 26 juin 2004, https://www.legifrance.gouv.fr/jorf/id/JORFTEXT000000616395

D'où la loi n° 56-1222 du 1er décembre 1956 qui va coordonner les régimes de retraite professionnels. « *Les institutions devront conclure entre elles des accords de coordination visant à déterminer les règles de liquidation pour les salariés ayant appartenu successivement à plusieurs institutions (...)* ».

Le 8 décembre 1961 le Conseil national du patronat français, Force ouvrière et la Confédération française des travailleurs chrétiens signent l'accord portant création de l'Association des régimes de retraite complémentaire des salariés (ARRCO) pour les non-cadres. L'ARRCO est née du droit conventionnel, créé par la signature d'un accord national interprofessionnel entre partenaires sociaux. L'ARRCO prenait la suite de l'UNIRS qui avait été créé en 1957 par un accord négocié par le CNPF, la CGT, la CFTC et la CGT-FO mais que la CGT avait refusé de cautionner.

La loi n° 63-1240 du 18 décembre 1963 relative au fonds national de l'emploi (FNE)[38] n'est pas une loi relative à la retraite mais en prévoyant « *des allocations spéciales en faveur de certaines catégories de travailleurs âgés de plus de soixante ans, lorsqu'il est établi qu'ils ne sont pas aptes à bénéficier d'une mesure de reclassement* » ouvrait la porte aux conventions de préretraite. On n'était pas en retraite avant 65 ans mais entre 60 ans et 65 on était en pré-retraite. La retraite ne sera liquidée qu'à 65 ans, sans abattement. Entre 60 ans et 65 ans, le salarié perçoit 80 % de son salaire habituel payé en partie par l'ASSEDIC, le FNE et le dernier l'employeur.

[38] **Loi n°63-1240 du 18 décembre 1963** relative au fonds national de l'emploi (FNE), JORF du 20 décembre 1963, https://www.legifrance.gouv.fr/jorf/id/JORFTEXT000000315353

1967 est l'année où la scolarité devient obligatoire jusqu'à 16 ans. En 2023, il ne devrait pas y avoir en activité de personnes ayant commencé à travailler à 14 ans. Les premiers qui ont été soumis à la scolarité obligatoire jusqu'à 16 ans sont nés après 1951. Ils sont âgés de 72 ans en 2023.

L'ordonnance n° 67-706 du 21 août 1967[39] organise l'administration administrative et financière de la Sécurité sociale. Elle réorganise l'assurance vieillesse au sein de la Sécurité sociale qui est chargée de la gestion du régime de base des salariés.

La loi n° 71-1132 du 31 décembre 1971[40] va entrer en vigueur dès le 1er janvier 1972. Toutes les pensions liquidées sur la base de trente années étaient revalorisées de 5 %. Elle s'appliquait aux pensions versées par le régime général de la Sécurité sociale et les pensions des travailleurs salariés agricoles.

En 1972, l'accord national interprofessionnel du 27 mars 1972 est un dispositif de garantie de ressources pour les chômeurs âgés de plus de 60 ans et licenciés. Les bénéficiaires du dispositif sont assurés de percevoir 70 % de leur dernier salaire brut en pré-retraite. Cette garantie de ressources en cas de licenciement va cesser d'être exceptionnelle et s'étendre à toute une classe d'âge. Pendant la période de pré-retraite les bénéficiaires ne dépendaient pas de l'assurance vieillesse mais de l'ASSEDIC (Associations

---

[39] **Ordonnance n°67-706 du 21 août 1967** relative à l'organisation administrative et financière de la Sécurité sociale, JORF du 22 août 1967,
https://www.legifrance.gouv.fr/jorf/id/JORFTEXT000000339812

[40] **Loi n°71-1132 du 31 décembre 1971** portant améliorations des pensions de vieillesse du régime général de sécurité sociale et du régime des travailleurs salariés agricoles, JORF du 5 janvier 1972, https://www.legifrance.gouv.fr/jorf/id/JORFTEXT000000508794

pour l'Emploi dans l'Industrie et le Commerce). L'ASSEDIC a été remplacée par Pôle Emploi après sa fusion avec l'ANPE en 2009.

La loi n° 72-635 du 5 juillet 1972[41] va instituer « *la garantie de ressource des travailleurs âgés* ».

L'accord national interprofessionnel du 13 juin 1977 va permettre aux salariés âgés d'au moins 60 ans de démissionner, de rester sans activité et de pouvoir demander à bénéficier du régime de garantie de ressources.

L'inscription dans la loi de la généralisation de la retraite complémentaire au profit des salariés et anciens salariés arrivera avec la loi n° 72-1223 du 29 décembre 1972[42].

La retraite à 60 ans arrive en 1982 avec l'ordonnance n° 82-270 du 26 mars 1982[43] relative à l'abaissement de l'âge de la retraite des assurés du régime général et du régime des assurances sociales agricoles

Les premières alertes sur la retraite arriveront avec la publication le 15 avril 1991 du Livre blanc sur

---

[41] **Loi n°72-635 du 5 juillet 1972** sur la garantie de ressources des travailleurs de 60 ans au moins et privés d'emploi, JORF du 11 juillet 1972, https://www.legifrance.gouv.fr/jorf/id/JORFTEXT000000509302

[42] **Loi n°72-1223 du 29 décembre 1972**, portant généralisation de la retraite complémentaire au profit des salariés et anciens salariés, JORF du 30 décembre 1972, https://www.legifrance.gouv.fr/jorf/id/JORFTEXT000000875410

[43] **Ordonnance n°82-270 du 26 mars 1982** relative à l'abaissement de l'âge de la retraite des assurés du régime général et du régime des assurances sociales agricoles, JORF du 28 mars 1982, https://www.legifrance.gouv.fr/jorf/id/JORFTEXT000000888522

les retraites[44] : « *maintenir l'acquis au profit des générations futures dépend, au-delà de la démographie et de l'économie de notre capacité à actualiser le pacte de solidarité qui lie les générations entre elles* ».

En février 1993, le 10 février, le CNPF, la CGPME, l'UPA, la CFDT, la CFTC, la CGT-FO et la CFE-CGC signent un accord redéfinissant les conditions de financement de l'ARRCO s'engageant à réduire les frais de gestion et à traiter de l'harmonisation entre les régimes.

Au cours de l'été 1993, le gouvernement d'Édouard Balladur va légiférer. La loi n° 93-936 du 22 juillet 1993[45] remplace le Fonds national de solidarité vieillesse créé en 1956 par le Fonds de solidarité vieillesse qui va devoir prendre en charge les avantages d'assurance vieillesse à caractère non contributif et assurer le remboursement à l'État, en capital et intérêts, des avances budgétaires accordées à l'ACOSS (Agence centrale des organismes de sécurité sociale) ce qui signifie que les organismes de Sécurité sociale sont redevables à l'État des aides publiques qu'elles perçoivent. Le Fonds de solidarité vieillesse va devoir prendre en charge, le minimum vieillesse, les majorations accordées pour enfant, la prise en compte des périodes de service national…

La loi de juillet 1993 ne remettait pas en cause la retraite à 60 ans, mais le décret n° 93-1022 du

---

[44] *Livre blanc sur les retraites*, Documentation française, 1991, 242 pages https://www.leslivresblancs.fr/livre/societe/retraite/livre-blanc-sur-les-retraites

[45] **Loi n° 93-936 du 22 juillet 1993** relative aux pensions de retraite et à la sauvegarde de la protection sociale, JORF n° 168 du 23 juillet 1993, https://www.legifrance.gouv.fr/jorf/id/JORFTEXT000000545719

27 août 1993[46] de mise en œuvre de la loi modifie les modalités de calcul des pensions, durée d'assurance et le salaire moyen pris en compte. Il faut désormais avoir cotisé 160 trimestres pour bénéficier du taux plein et le calcul du salaire moyen est établi sur les 25 meilleures années.

Avec la loi n° 94-126 du 11 février 1994[47], relative à l'initiative et à l'entreprise individuelle plusieurs dispositions du Code de la Sécurité sociale sont modifiées. La loi incite les travailleurs non-salariés à se constituer eux-mêmes leur propre protection sociale afin de pallier les carences de leur régime obligatoire.

Le XXe siècle s'achève sans qu'on ait pu réussir à résoudre tous les problèmes liés à la retraite. En 1995 Alain Juppé avait proposé une réforme des régimes spéciaux dans le cadre d'une réforme de la Sécurité sociale. Ce fut un échec.

En 2000, le décret n° 2000-393 du 10 mai 2000[48] crée le Conseil d'orientation des retraites, créé auprès du Premier ministre Lionel Jospin. « *Ses missions : 1° De décrire la situation financière actuelle et les perspectives des différents régimes de retraite, compte tenu des évolutions économiques, sociales et démographiques ; 2° D'apprécier les conditions requises pour assurer la*

[46] **Décret n° 93-1022 du 27 août 1993** relatif au calcul des pensions de retraite modifiant le code de la sécurité sociale (deuxième partie : Décrets en Conseil d'État) et le décret n° 90-161 du 19 février 1990 pris pour l'application de l'article 1038 du code rural, https://www.legifrance.gouv.fr/jorf/id/JORFTEXT000000347819

[47] **Loi n° 94-126 du 11 février 1994** relative à l'initiative et à l'entreprise individuelle, JORF n° 37 du 13 février 1994, https://www.legifrance.gouv.fr/jorf/id/JORFTEXT000000165840

[48] **Décret n° 2000-393 du 10 mai 2000** portant création du Conseil d'orientation des retraites, JORF n°109 du 11 mai 2000, https://www.legifrance.gouv.fr/jorf/article_jo/JORFARTI000002025888

viabilité financière à terme de ces régimes ; 3° De veiller à la cohésion du système de retraite par répartition, en assurant la solidarité entre les régimes et le respect de l'équité, tant entre les retraités qu'entre les différentes générations. »

La loi n° 2001-624 du 17 juillet 2001[49] porte diverses dispositions d'ordre social, éducatif et culturel. Elle a créé le fonds de réserve pour les retraites. Ce fonds a pour mission principale de gérer les sommes qui lui sont affectées afin de constituer des réserves destinées à contribuer à la pérennité des régimes de retraite.

La loi n° 2003-775 du 21 août 2003[50] a porté réforme des retraites, connue sous le nom de loi Fillon. Depuis sa publication en 2003 elle a été modifiée à 24 reprises dont la dernière par la loi n° 2022-1726 du 30 décembre 2022[51]. Il s'agissait d'une réforme de la retraite en différant l'âge de départ à la retraite. Les salariés restant au travail les cotisations devaient augmenter et les salariés différant leur départ la masse des pensions versées devaient diminuer. La loi Fillon étendait aux fonctionnaires la réforme des retraites de 1993 à la fonction publique. Mais elle ne concernait pas les retraites complémentaires. Fortement contestée en 2003, elle était encore contestée en 2007 jugée insuffisante pour assurer la pérennité du système.

---

[49] **Loi n° 2001-624 du 17 juillet 2001** portant diverses dispositions d'ordre social, éducatif et culturel, JORF n° 164 du 18 juillet 2001, https://www.legifrance.gouv.fr/jorf/id/JORFTEXT000000757800

[50] **Loi n° 2003-775 du 21 août 2003** portant réforme des retraites, JORF n°193 du 22 août 2003, https://www.legifrance.gouv.fr/jorf/id/JORFTEXT000000781627

[51] **Loi n° 2022-1726 du 30 décembre 2022** de finances pour 2023, JORF n°0303 du 31 décembre 2022, https://www.legifrance.gouv.fr/jorf/id/JORFTEXT000046845631

En 2005, l'ordonnance n° 2005-299 du 31 mars 2005[52] crée la Caisse nationale du régime social des travailleurs indépendants.

En 2008, plusieurs décrets ont apporté des modifications aux régimes spéciaux des retraites de la RATP, de la SNCF et des personnels des industries électriques et gazières. Le décret n° 2008-627 du 27 juin 2008[53] relatif au régime de retraite et d'invalidité du personnel des industries électriques et gazières. Le décret n° 2008-637 du 30 juin 2008[54], portant règlement des retraites du personnel de la Régie autonome des transports parisiens. Le décret n° 2008-639 du 30 juin 2008[55] a porté réforme du régime spécial de retraite du personnel de la Société nationale des chemins de fer français. Ces trois décrets étaient pris vu la loi n° 2003-775 du 21 août 2003 portant réformes des retraites qui avait été modifiée à plusieurs reprises en 2003, 2004 2005, 2006, 2007.

---

[52] **Ordonnance n° 2005-299 du 31 mars 2005** relative à la création à titre provisoire d'institutions communes aux régimes de sécurité sociale des travailleurs indépendants, JORF n°76 du 1 avril 2005, https://www.legifrance.gouv.fr/jorf/id/JORFTEXT000000258121

[53] **Décret n° 2008-627 du 27 juin 2008** relatif au régime de retraite et d'invalidité du personnel des industries électriques et gazières, JORF n°0151 du 29 juin 2008, https://www.legifrance.gouv.fr/jorf/id/JORFTEXT000019080238

[54] **Décret n° 2008-637 du 30 juin 2008** portant règlement des retraites du personnel de la Régie autonome des transports parisiens, JORF n°0152 du 1 juillet 2008, https://www.legifrance.gouv.fr/jorf/id/JORFTEXT000019103570

[55] **Décret n° 2008-639 du 30 juin 2008** relatif au régime spécial de retraite du personnel de la Société nationale des chemins de fer français, JORF n°0152 du 1 juillet 2008, https://www.legifrance.gouv.fr/jorf/id/JORFTEXT000019107455

La loi n° 2010-1330 du 9 novembre 2010[56] portant réforme des retraites fixait les objectifs de l'assurance vieillesse. « *Tout retraité a droit à une pension en rapport avec les revenus qu'il a tirés de son activité. Les assurés doivent pouvoir bénéficier d'un traitement équitable au regard de la retraite, quels que soient leur sexe, leurs activités professionnelles passées et le ou les régimes dont ils relèvent. Le système de retraite par répartition poursuit les objectifs de maintien d'un niveau de vie satisfaisant des retraités, de lisibilité, de transparence, d'équité intergénérationnelle, de solidarité intragénérationnelle, de pérennité financière, de progression du taux d'emploi des personnes de plus de cinquante-cinq ans et de réduction des écarts de pension entre les hommes et les femmes* ».

La loi prévoit diverses mesures relatives au pilotage des régimes de retraite avec un comité de pilotage qui doit rendre chaque année un avis sur la situation financière des régimes, les conditions de retour à l'équilibre à l'horizon 2018 au-delà de cette date et sur les perspectives financières. Le conseil d'orientation des retraites étant chargé de faire le point sur l'évolution du taux d'activité des personnes de plus de 55 ans l'évolution de la situation de l'emploi et les écarts de pensions entre hommes et femmes...

La loi n° 2010-1330, va prévoir le report de l'âge de départ à la retraite de 60 à 62 ans pour les assurés nés après 1955. Les plus anciens concernés par cette mesure sont âgés de 68 ans en 2023.

La loi du 9 novembre 2010, en son article 41, prévoyait également "la création d'une caisse de retraite

---

[56] **Loi n° 2010-1330 du 9 novembre 2010** portant réforme des retraites, JORF n°0261 du 10 novembre 2010, https://www.legifrance.gouv.fr/jorf/id/JORFTEXT000023022127

des fonctionnaires de l'État avec une participation des partenaires sociaux à la gestion de cet établissement public"[57]. « *La SRE est la caisse de retraite de base des fonctionnaires civils, des magistrats et des militaires.* » Créée en 1790 elle était gérée par le service des retraites de l'état[58].

La création à compter de 2013 d'un régime complémentaire obligatoire pour les professions artisanales, industrielles et commerciales. Elle prévoyait diverses mesures pour prendre en compte la pénibilité.

La loi n° 2014-40 du 20 janvier 2014[59] devait garantir l'avenir et la justice du système de retraites, structurée autour des trois idées-forces suivantes : « Assurer la pérennité des régimes de retraite ; rendre le système plus juste ; simplifier le système et en renforcer la gouvernance ». Dans cette loi il est prévu que la durée d'assurance requise pour une retraite à taux plein passe progressivement de 166 à 172 trimestres entre 2020 et 2035. La loi prévoit la création d'un compte personnel de pénibilité permettant d'accumuler des points permettant de partir plus tôt en retraite et différentes autres mesures corrigeant les inégalités... À partir de 2017, chaque assuré est détenteur d'un compte individuel permettant d'accéder à l'état de ses droits et une évaluation de sa future pension.

---

[57] **Loi n° 2010-1330 du 9 novembre 2010** portant réforme des retraites, art.41

[58] ("SRE - Service des Retraites de l'état | simul-retraite.fr")

[59] **Loi n° 2014-40 du 20 janvier 2014** garantissant l'avenir et la justice du système de retraites, JORF n°0017 du 21 janvier 2014, https://www.legifrance.gouv.fr/jorf/id/JORFTEXT000028493476

En 2017, la signature de l'accord national interprofessionnel du 17 novembre[60], prévoyant l'unification de l'AGIRC et de l'ARRCO les deux grands régimes de retraite complémentaires pour les salariés, cadres et non-cadres, montrait que des régimes de retraite complémentaire différents non gérés par l'État pouvait avancer sans contestations de la rue vers l'harmonisation.

La loi n° 2019-846 du 22 mai 2019[61], dite loi PACTE, (loi Plan d'action pour la croissance et la transformation des entreprises) relative à la croissance et à la transformation des entreprises met en place de nouveaux dispositifs d'épargne-retraite rendant plus attractifs les produits d'épargne retraite permettant à chacun de développer une épargne retraite à titre individuel ou dans un cadre professionnel.

---

[60] **Accord national interprofessionnel du 17 novembre 2017** instituant le régime AGIRC-ARCCO de retraite complémentaire, https://fr.calameo.com/read/0027117299ac722559c92, consulté

[61] **Loi n° 2019-486 du 22 mai 2019** relative à la croissance et la transformation des entreprises, JORF n°0119 du 23 mai 2019, https://www.legifrance.gouv.fr/jorf/id/JORFTEXT000038496102

La complexité de la retraite en France

Le droit à retraite est un droit universel ! Il concerne, à priori, tout le monde.

Mais…

Le sens des mots « Retraite » et « Retraité(e) »

Tous ceux et celles qui sont en retraite sont des retraité(e)s et ceux qui ne sont pas en retraite ne sont pas des retraité(e)s. De ce fait, la retraite peut être considérée comme le fondement d'une séparation dans l'ensemble des hommes et des femmes. Elle détermine une partition sociale, une division en deux parties distinctes. Mais cette partition sociale permet-elle de dire que les retraité(e)s constituent une catégorie sociale ?

Si les retraité(e)s forment un groupe social, ils et elles ne forment pas un groupe homogène.

Aussi quand on utilise le mot « *retraité(e)* », sauf à vouloir utiliser le terme dans son sens générique, qui signifie « *personne en retraite* », il est nécessaire de savoir dans quelle(s) situation(s) de retraite le ou la retraité(e) se place.

Le ou la retraité(e) type n'existe pas. Il existe, plus d'une quarantaine de situations différentes de retraite donc pas moins de types de retraité(e)s, sans compter toutes les situations mixtes qui peuvent relever de plusieurs situations car les carrières monolithiques sont de plus en plus rares.

L'absence d'universalité !

La retraite ne se traduit pas pour toutes et tous de la même façon.

Les droits à la retraite ne sont donc pas les mêmes pour toutes et tous les citoyens d'un même pays, celui qui a dans sa devise le mot « *Égalité* ». Il se pourrait même que la pluralité des régimes crée des inégalités de traitement !

Être à la retraite, cela veut dire : « *Ne plus être dans la vie active donc être entré dans la période de la vie où l'on n'exerce plus d'activité professionnelle* ». Cela veut dire ne plus percevoir de salaires ou ne plus avoir de revenus liés à son travail.

Si être en retraite c'est être entré dans la période de vie où l'on n'exerce plus d'activité professionnelle, cela veut dire quelque part qu'on entre dans la vieillesse.

Quiconque entre dans la vieillesse va tôt ou tard être confronté au Risque-vieillesse.

Le Risque-vieillesse concerne l'ensemble de la population qui est arrivé au-delà d'un certain âge, qui n'est pas le même pour tous, en fin du cycle de la vie.

Un risque qui s'assure en souscrivant une assurance.

L'Assurance-vieillesse est l'assurance du risque-vieillesse. L'Assurance-vieillesse est une assurance sociale[62]. Une assurance entre individus, aujourd'hui imposée par l'État, pour protéger tous les individus, par une mutualisation des risques, contre les coûts liés à la vieillesse.

---

[62] Batard Yves, *La protection sociale des agents publics et des salariés. Égalité de droits, inégalités de traitement*, coll. « Logiques juridiques », L'Harmattan, juin 2004. p. 11

La retraite un droit inscrit dans la loi

Selon la loi n° 2003-775 du 21 août 2003, portant réforme des retraites, en vigueur au 31 décembre 2022 : « *La nation réaffirme solennellement le choix de la retraite par répartition au cœur du pacte social qui unit les générations. Tout retraité a droit à une pension en rapport avec les revenus qu'il a tirés de son activité. Les assurés doivent pouvoir bénéficier d'un traitement équitable au regard de la retraite, quels que soient les activités professionnelles passées et le ou les régimes dont ils relèvent.* »[63]

Pour mettre en œuvre ce principe général exprimé dans la loi de 2003, le système de retraite français repose sur l'existence de plusieurs types de régimes différents.

La complexité des régimes

Régime par répartition

Régime qui suit un principe de solidarité intergénérationnelle mis en place entre les actifs et les retraités. Le principe de la solidarité entre générations a un effet immédiat.

Régime contributif

Régime de base ou complémentaire dans la plupart des cas, chaque année, ce qui peut être reversé en prestations à la population retraitée doit avoir été prélevé par cotisations sur les revenus de la population active.

Dans un système contributif, les pensions sont directement proportionnelles au montant total des cotisations versées au cours de la carrière de l'adhérent.

---

[63] **Loi n° 2003-775 du 21 août 2003**, JORF n° 193 du 22 août 2003, article 1, 2 et 3.

Seuls les revenus de la population active sont soumis à cotisations de retraite. La population active regroupe l'ensemble des personnes exerçant ou cherchant à exercer une activité professionnelle rémunérée. Selon les règles liées à l'impôt sur le revenu, seuls les salaires à proprement parler et les traitements des fonctionnaires entrent dans la catégorie. Les rémunérations des dirigeants des sociétés, les bénéfices industriels et commerciaux, les bénéfices non commerciaux, les bénéfices agricoles, les revenus mobiliers, les plus-values immobilières, sur les valeurs immobilières, sur les biens meublés et professionnels constituent des catégories différentes. Elles n'entrent pas dans la catégorie des revenus du champ de la problématique des retraites. Les revenus fonciers, immobiliers, financiers, patrimoniaux ne sont pas soumis aux cotisations de retraite. Ils sont à ce jour souvent hors champ du débat sur les retraites.

Régime redistributif

Dans un système redistributif, les pensions sont indépendantes du montant des cotisations versées.

Régime obligatoire

Le régime obligatoire désigne le système de protection sociale auquel une personne résidant en France est obligatoirement affiliée. Toutefois, si chaque français(e) est affilié(e) à un régime, le type de régime peut varier.

On compte quatre grands régimes en France, qui sont tous obligatoires :

Le régime général, qui concerne la majorité des personnes en activité ou non (4 Français sur 5).

Dans les entreprises privées : les retraites de base (Sécurité sociale) et complémentaires (AGIRC-ARRCO) constituent les deux régimes de retraite obligatoires.

Dans les entreprises du secteur public : les agents de la fonction publique cotisent simultanément auprès d'un régime de base et d'un régime complémentaire. Mais les cotisations sont versées à des caisses de retraite qui varient selon que l'agent soit fonctionnaire ou agent contractuel.

Le régime agricole, dont relèvent uniquement les exploitants et salariés agricoles.

Le régime social des indépendants (RSI) est réservé aux artisans, commerçants, industriels et professions libérales.

La famille des régimes spéciaux, qui inclut entre autres le régime des marins, des mineurs, de la SNCF, de la RATP, de l'Assemblée nationale...

Régime de base

La Sécurité sociale est divisée en quatre grandes branches : maladie/maternité, accidents du travail/maladies professionnelles, famille et retraite. Le régime de base est la branche de la Sécurité sociale qui couvre le risque vieillesse. La branche retraite, branche vieillesse est pilotée par la Caisse nationale d'assurance vieillesse (CNAV). Elle verse les pensions de retraite de base.

En 2022 le nombre des régimes de base était de 32[64].

Il faut distinguer les Régimes des Salarié(e)s et les Régimes des Non-Salarié(e)s.

Il faut ensuite distinguer les Régimes de base, au nombre de 10, des Régimes complémentaires, au nombre de 8. Sans oublier les Régimes spéciaux qui sont au nombre de 11. (Voir la liste en Annexe)

---

64 Voir Annexes

Régime complémentaire

Les régimes complémentaires de retraite ont été créés dès 1947 afin de pallier l'insuffisance des pensions servies par le régime général. Comme pour les régimes de base, l'affiliation et le versement de cotisations sont obligatoires pour les salarié(e)s depuis 1972. Les régimes complémentaires constituent le 2e pilier de la retraite obligatoire.

Régime par points

Un régime de retraite par points est le mécanisme de calcul de la retraite utilisé quand le montant de la retraite est calculé en points. Le nombre de points acquis est fonction des cotisations versées par l'assuré tout au long de sa carrière. Le régime de l'AGIRC-ARRCO est un régime par points.

Régime spécial

En France, les régimes spéciaux de retraite sont des régimes de retraite dont bénéficient des employés de certaines grandes entreprises publiques (SNCF, RATP), ou de branches entières comme celle des Industries électriques et Gazières (EDF, GDF, entreprises locales de distribution d'électricité et de gaz), les membres de certaines professions liées à la fonction publique (militaires, etc.) mais aussi d'autres professions (marins, clercs de notaire, salariés de l'Opéra de Paris, etc.).

Régime additionnel

Un régime de retraite additionnelle existe pour les fonctionnaires depuis 2004. C'est un régime par répartition provisionnée et par points. Il vient s'additionner aux régimes des fonctionnaires, cotisés sur les primes et autres éléments de rémunérations hors traitement.

Un régime additionnel existe pour les maîtres de l'enseignement privé sous contrat avec l'État. C'est un régime à cotisations. Ses prestations s'ajoutent aux pensions versées par le régime de base Sécurité sociale et le régime AGIRC-ARRCO.

À tous ces régimes, il faut ajouter des régimes qui peuvent être facultatifs, ou obligatoires pour certaines catégories socio-professionnelles.

Régime par capitalisation

La retraite par capitalisation fonctionne sur le principe de l'accumulation par les travailleurs d'un stock de capital qui servira à financer les pensions de ces mêmes travailleurs devenus inactifs.

Régime d'épargne

Régime d'épargne permet aux sommes qui sont déposées de croître à l'abri de l'impôt. Ces sommes peuvent être investies dans des actions, des obligations, des certificats de placement garanti et d'autres formes d'épargne ou de placement.

Régime facultatif

Un régime facultatif est un régime non légalement obligatoire. On y souscrit volontairement par démarche individuelle ou collective. Ces dispositifs permettent à chacun de se constituer une épargne en vue de la retraite, en complément des régimes de retraite obligatoires. C'est le cas de nombreux dispositifs d'épargne retraite : PERCO (Plan d'épargne pour la retraite collectif), PEE (Plan d'épargne entreprise), PEI (Plan d'épargne interentreprises) et le cas de la Préfon (Caisse nationale de prévoyance de la fonction publique)…

Régime supplémentaire

Régime de retraite facultatif destiné à compléter les dispositifs d'Assurance vieillesse et de retraite complémentaire obligatoire. Contrairement au régime de base et au régime complémentaire, un régime de retraite supplémentaire fonctionne souvent selon un principe de capitalisation et non de répartition.

Régime chapeau

En retraite, un « *régime chapeau* » est un régime retraite à prestations définies. Deux types de contrats existent : additionnel ou différentiel. Dans tous les cas, un contrat garantit un niveau global de retraite à son bénéficiaire au regard des autres régimes de retraite obligatoire auxquels il est assuré. Le « *régime chapeau* » est souvent réservé à une catégorie de salariés, en général les membres de l'encadrement. Il est intégralement financé par l'employeur.[65]

Retraite des salarié(e)s, Retraite des non-salarié(e)s

« *Les personnes* ***salariées*** *travaillent, aux termes d'un contrat, pour une autre entité en échange d'un salaire ou d'une rétribution équivalente, avec un lien de subordination* ».

« *Les* ***non-salariés*** *travaillent mais sont rémunérés sous une autre forme qu'un salaire.* »

Il y a donc lieu de distinguer les retraité(e)s ancien(ne)s salarié(e)s et les retraité(e)s ancien(ne)s non-salarié(e)s.

---

[65] https://www.previssima.fr/lexique/regime-chapeau.htm

La retraite des ancien(ne)s salarié(e)s

Les retraité(e)s, ancien(ne)s salarié(e)s des entreprises privées

Le ou la retraité(e) qui était un(e) salarié(e) travaillant dans une entreprise privée recevait un salaire en échange du travail. Chaque mois de son salaire brut on déduisait des cotisations sociales, dont celles qui serviront à financer son régime de retraite.

Les retraité(e)s, ancien(ne)s salarié(e)s des entreprises publiques

Le ou la salarié(e) d'une entreprise publique travaillait dans une entreprise appartenant à l'État ou à une collectivité territoriale : commune, département, région... Mais selon son statut ou le statut de son entreprise, le ou la salarié(e) d'une entreprise publique pouvait être fonctionnaire ou non-fonctionnaire. Le ou la non-fonctionnaire pouvait être ouvrier de l'État, agent contractuel ou non-titulaire de la fonction publique. Selon son statut ou la catégorie dans laquelle il ou elle va être classé(e) le régime de retraite sera différent. Tous et toutes les fonctionnaires ne bénéficient pas du même régime de retraite.

Fonctionnaires

Il existe trois fonctions publiques. La Fonction publique de l'État (FPE), la Fonction publique territoriale (FPT) et la Fonction publique hospitalière (FPH). Le ou la fonctionnaire de l'État retraité(e) percevra une pension de l'État. Le ou la fonctionnaire de la territoriale ou hospitalière perçoit sa retraite de la CNRACL (Caisse nationale de retraites des agents des collectivités locales).

Non-Fonctionnaires

Beaucoup relèveront de l'IRCANTEC (Institution de retraite complémentaire des agents non titulaires de l'État et des collectivités publiques). D'autres comme les Ouvriers de l'État relèvent d'un régime spécial datant de 1928, le FSPOEIE (Fonds spécial des pensions des ouvriers des établissements industriels de l'État).

La retraite des non-salarié(e)s

Le ou la retraité(e) non-salarié(e) peut être un ou une ancien(ne) artisan(e) ou un ou une ancien(ne) commerçant(e) ou il ou elle peut avoir exercé une profession libérale, à moins qu'il ou elle n'ait été ministre d'un culte.

Artisans

L'artisan est une personne qui exerce une activité professionnelle ayant moins de dix salariés et devant s'immatriculer au répertoire des métiers.

Commerçant(e)s

Le ou la commerçant(e) est celui qui exerce des actes de commerce et en fait sa profession habituelle.

Professions libérales

Le terme de profession libérale englobe l'ensemble des professions qui sont exercées par une personne, individuellement, sous sa responsabilité personnelle. La notion de profession libérale recouvre des réalités très différentes.

De manière générale, une activité libérale est une activité indépendante qui n'est ni commerciale, ni artisanale, ni industrielle, ni agricole, mais elle peut être réglementée.

Une profession libérale réglementée est une profession libérale soumise à un contrôle de la part de l'État ou d'un ordre professionnel. C'est le cas des médecins, des notaires, des huissiers… La liste complète des professions libérales compte 34 professions différentes.

Toutes les autres activités qui ne sont ni commerciales, ni artisanales, ni industrielles, ni agricoles et qui ne sont pas des professions libérales « *réglementées* » sont des professions libérales non réglementées. Même celles, par exemple des exploitant(e)s d'auto-école, des éducateurs(trices) sportifs qui sont soumises à autorisation d'exercice.

Ministres du Culte

Le ministre du Culte est toute personne officiellement chargée du culte divin. Les prêtres, les pasteurs, les rabbins sont des ministres du culte.

La complexité de la retraite repose sur la diversité des régimes sociaux et sur l'existence de régimes de base et de régimes complémentaires qui sont obligatoires.

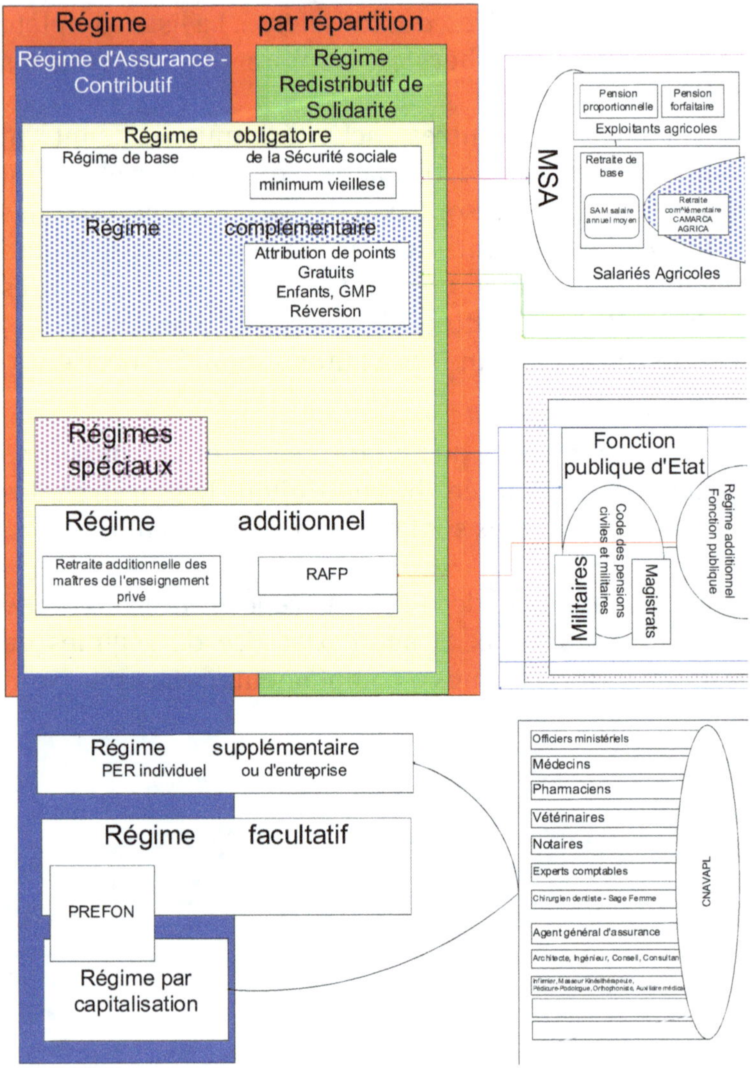

66

---

66 Infographies de l'auteur, Droits de reproduction réservés, soumis à ©

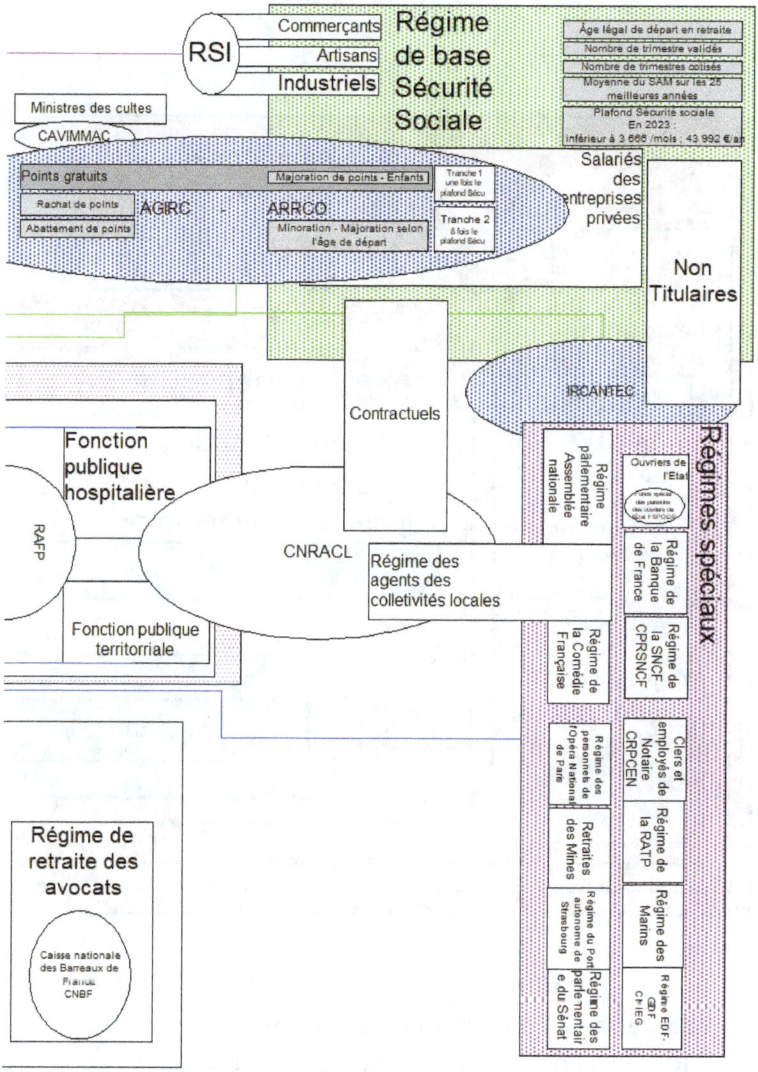

67

---

[67] Infographies de l'auteur, Droits de reproduction réservés, soumis à©

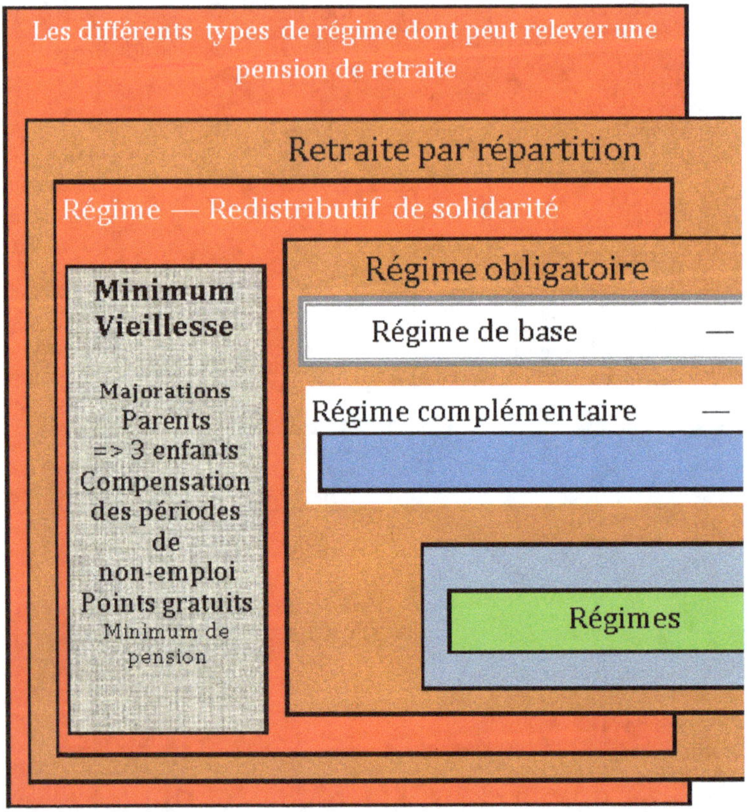

La pension de retraite que perçoit une retraitée ou un retraité est **le plus souvent l'addition** de plusieurs pensions provenant de régimes, parfois très différents.

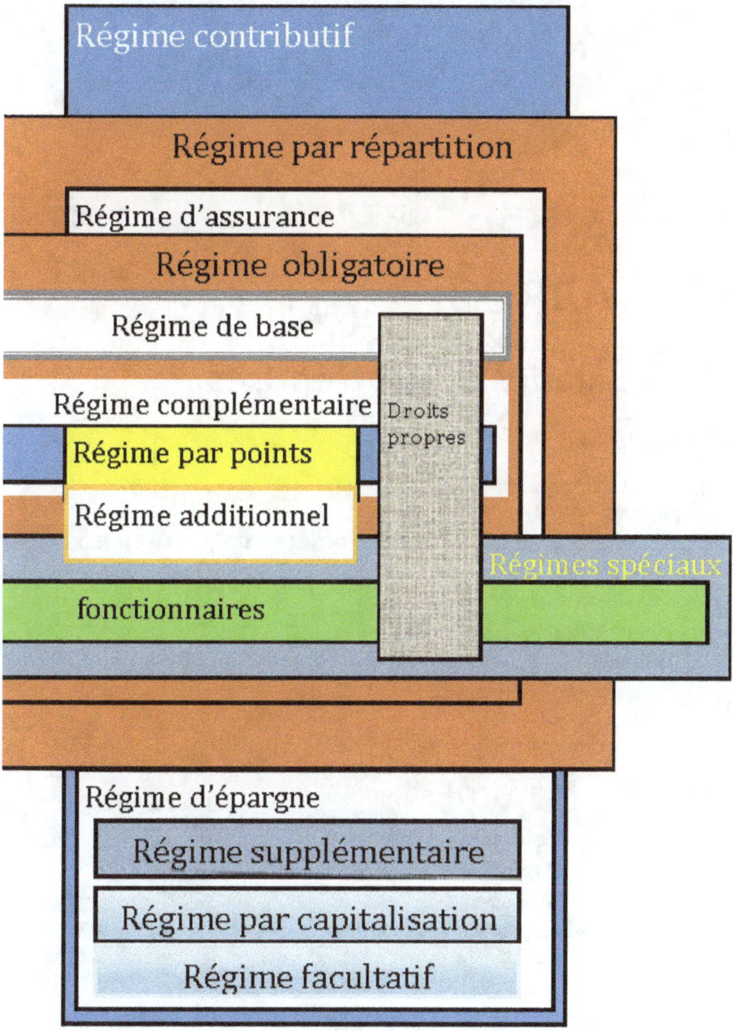

[68]

[68] Infographies de l'auteur, Droits de reproduction réservés, soumis à ©

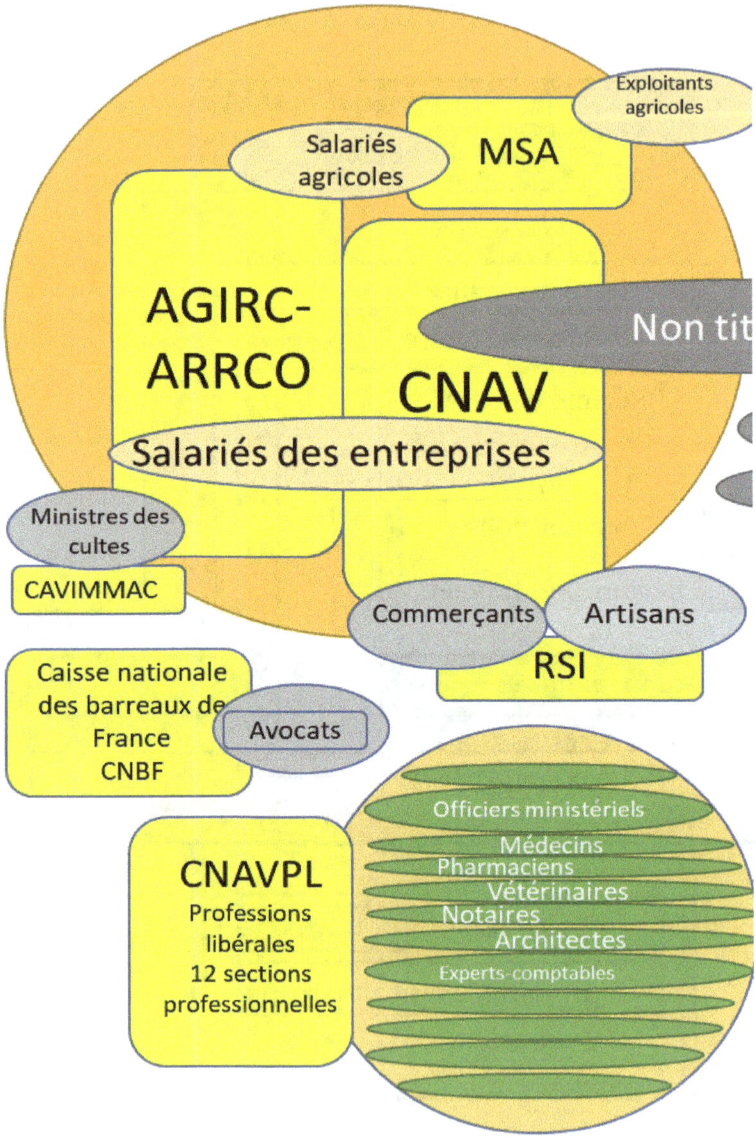
Exploitants agricoles
Salariés agricoles
MSA
AGIRC-ARRCO
Non tit
CNAV
Salariés des entreprises
Ministres des cultes
CAVIMMAC
Commerçants
Artisans
RSI
Caisse nationale des barreaux de France CNBF
Avocats
Officiers ministériels
Médecins
Pharmaciens
Vétérinaires
Notaires
Architectes
Experts-comptables
CNAVPL
Professions libérales
12 sections professionnelles

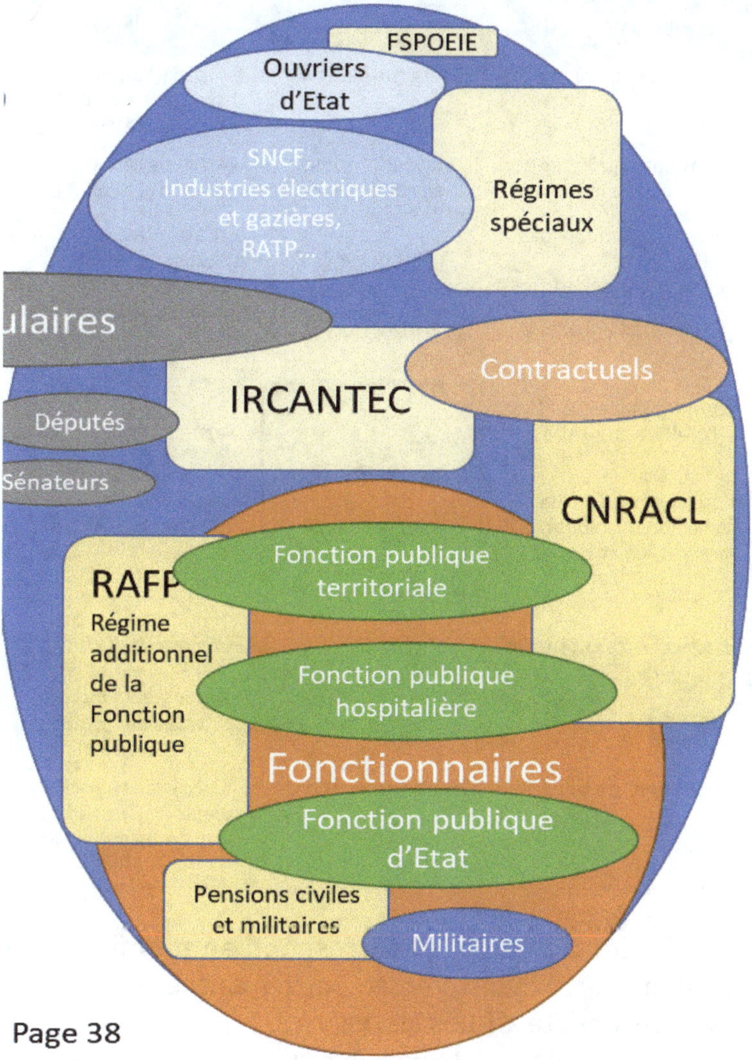
FSPOEIE
Ouvriers d'Etat
SNCF, Industries électriques et gazières, RATP...
Régimes spéciaux
ulaires
IRCANTEC
Contractuels
Députés
Sénateurs
CNRACL
RAFP
Régime additionnel de la Fonction publique
Fonction publique territoriale
Fonction publique hospitalière
Fonctionnaires
Fonction publique d'Etat
Pensions civiles et militaires
Militaires
Page 38

<table>
<tr><th>Catégories Socio-professionnelles</th><th>Régimes sociaux</th><th>Caisse de retraite</th></tr>
<tr><td>Salariés du privé</td><td>Régime général</td><td>Caisse nationale d'assurance vieillesse (CNAV)</td></tr>
<tr><td>Exploitants agricoles non -salariés</td><td>Mutualité sociale agricole (MSA)</td><td>Caisse de retraite de base de la (MSA)</td></tr>
<tr><td>Artisans—Commerçants et Industriels indépendants</td><td>Régime général</td><td>Caisse Nationale d'Assurance Vieillesse (CNAV)</td></tr>
<tr><td>Professions libérales</td><td colspan="2">Caisse Nationale d'Assurance Vieillesse des professions libérale (CNAVPL) et Caisse Nationale des Barreaux de France (CNBF)</td></tr>
<tr><td>Fonctionnaires de l'État (civils et militaires)</td><td rowspan="2">Régimes spéciaux (distincts) des fonctionnaires</td><td>Service des retraites de l'État</td></tr>
<tr><td>Fonctionnaires : Agents de la Fonction publique territoriale et Hospitalière</td><td>Caisse Nationale des retraites des Agents des Collectivités locale (CNRACL)</td></tr>
<tr><td>Fonctionnaires : Ouvriers de l'Etat</td><td></td><td>Fonds spécial des Pensions des Ouvriers de l'État et des établissements industriels de l'État (FSPOEPE)</td></tr>
<tr><td>Ministres des cultes</td><td>Régime indépendants</td><td>Caisse d'assurance vieillesse, invalidité, et maladie des cultes (CAVIMMAC)</td></tr>
</table>

La retraite de base correspond au premier étage des pensions. Elle est versée par les caisses de retraite auxquels ont été affiliés les assurés.

Comme il n'existe pas de régime universel, chaque catégorie socio-professionnelle dispose de sa propre caisse.

Les régimes complémentaires de retraite ont été créés en 1947 en raison de l'insuffisance des pensions servies par le régime général[69]. L'affiliation et le versement de cotisations sont devenus obligatoires depuis 1972[70].

La retraite complémentaire n'est pas systématiquement gérée par un organisme particulier spécifique. Certains régimes de base garantissent également les retraites complémentaires à leurs assurés. C'est le cas pour une grande partie des fonctionnaires, des travailleurs non-salariés et des salariés rattachés à des régimes spéciaux (SNCF, RATP, etc.)

Pour les salariés et cadres relevant pour leur retraite de la Caisse nationale d'Assurance Vieillesse (CNAV) ou de la Mutualité sociale Agricole (MSA), la retraite complémentaire est gérée par l'AGIRC-ARRCO.

La retraite complémentaire des agents non titulaires de l'État et des collectivités locales publiques est gérée par l'Institution de retraite complémentaire des agents non titulaires de l'État et des collectivités publiques (IRCANTEC), créée en décembre 1970.

La retraite complémentaire des fonctionnaires titulaires et stagiaires de l'État (civils et militaires), des magistrats, des fonctionnaires territoriaux et hospitaliers est gérée par le Régime de retraite additionnelle de la fonction publique (RAFP) instauré par la loi de 2003[71] et opérationnel depuis janvier 2005.

Pour les régimes spéciaux, régimes de base et régimes complémentaires sont souvent indifférenciés.

---

[69] https://www-vie-publique-fr.ezproxy.u-pec.fr/fiches/37941-les-regimes-complementaires-de-retraite

[70] **Loi n° 72-1223 du 29 décembre 1972** portant généralisation de la retraite complémentaire au profit des salariés et anciens salariés

[71] **Loi n° 2003-775 du 21 août 2003** portant réforme des retraites

La « Retraite en France » ne se résume pas à un seul régime. La retraite en France ce n'est pas aussi simple qu'il en paraît. Aucun régime n'a le monopole de la retraite. Ce qui amène à dire qu'aucun(e) retraité(e) ou futur(e) retraité(e) ne peut analyser la problématique « Retraite » à partir du seul régime de retraite auquel il appartient.

La retraite en France - Comprendre pour mieux débattre, p. 25

Le débat sur les retraites

« *Permettre à chaque citoyen de pouvoir disposer, lorsqu'il sera confronté à vieillesse, lorsqu'il ne pourra plus être compté au nombre des actifs, des revenus nécessaires pour avoir une vie décente* » semble une idée partagée par tous.

Mais tous ne sont pas égaux au regard des revenus dont ils peuvent disposer quand l'heure de la retraite intervient. Beaucoup ne vont disposer que des revenus procurés par les droits à retraite acquis par le versement de cotisations sociales qui alimentent les régimes par répartition. D'autres, moins nombreux, après avoir économisé et/ou épargné disposeront de revenus financiers qui apporteront au moment de la retraite des compléments de revenus.

Les revenus de l'épargne produisent des revenus financiers qui ne sont pas soumis à cotisations sociales générateurs de droits pour la retraite par répartition. Ils sont souvent investis pour l'acquisition de patrimoine lequel patrimoine pourra produire de nouveaux revenus financiers.

Les produits financiers des économies et/ou de l'épargne peuvent également permettre des investissements dans les entreprises.

Les investissements dans les entreprises, soutiennent l'activité économique et/ou l'immobilier. Ils vont procurer des revenus industriels et immobiliers qui eux non plus ne sont pas soumis à cotisations sociales. Les revenus industriels et immobiliers pourront être réinvestis soit pour l'acquisition de nouveaux patrimoines qui à leur tour produiront des nouveaux produits financiers qui pourront à leur tour...

La retraite par capitalisation, souvent gérée par des fonds de pension se situe dans cette logique.

En fin de boucle les produits financiers acquis au cours de la vie active vont permettre à certains de compléter les revenus de la retraite versés par la retraite par répartition.

Pour beaucoup si ce n'est pas pour la majorité des assurés sociaux la pension perçue lors de la retraite se limite aux seuls revenus acquis par les cotisations sociales versées pendant la vie active. Leurs revenus d'activités ne leur permettaient pas de dégager des revenus financiers permettant d'investir dans les entreprises ou l'immobilier.

La retraite est un ensemble complexe au milieu de flux financiers nombreux.

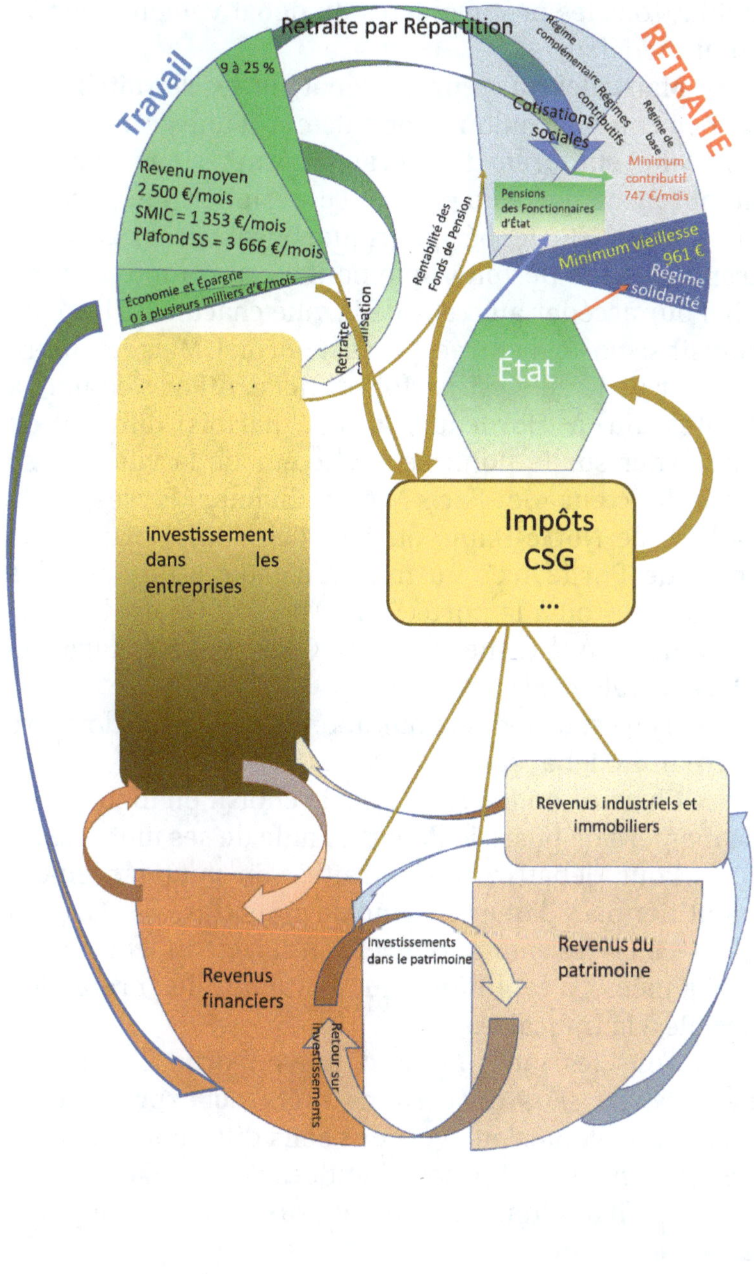

Retraite par Répartition
Travail
9 à 25 %
Revenu moyen
2 500 €/mois
SMIC = 1 353 €/mois
Plafond SS = 3 666 €/mois
Économie et Épargne
0 à plusieurs milliers d'€/mois
RETRAITE
Régime complémentaire
Régimes contributifs
Régime de base
Cotisations sociales
Minimum contributif
747 €/mois
Pensions des Fonctionnaires d'État
Minimum vieillesse
961 €
Régime solidarité
Rentabilité des Fonds de Pension
État
Impôts
CSG
...
investissement dans les entreprises
Revenus industriels et immobiliers
Investissements dans le patrimoine
Revenus du patrimoine
Revenus financiers
Retour sur investissements

Chaque fois que la retraite vient dans le débat public, tous les protagonistes du débat veulent aller au cœur du débat.

Mais aller au cœur du débat sur les retraites c'est un peu comme vouloir aller au cœur d'une grande ville, une ville entourée d'un grand périphérique avec de nombreuses portes d'entrée. Le périphérique parisien en compte 38, le périphérique bordelais près d'une trentaine et le périphérique nantais en compte près de 25. Pour accéder au cœur de la ville chacun est libre de choisir sa porte d'entrée. Cela est normal. Mais rejoindre le cœur de la ville est parfois difficile. À Paris comme à Nantes ou à Bordeaux, il est parfois difficile de s'accorder sur le point central cœur de la ville. Où se situe le cœur de Paris ? Aux Champs Élysée, à la cathédrale Notre-Dame ou à la Tour Eiffel ? Où est le cœur de Bordeaux ? Au miroir d'eau ? À la place des Quinconces ou à la porte Saint-Michel ? Où est le cœur de Nantes ? À la cathédrale ? Au Cours des 50 otages ou Place Royale ?

Il en est de même pour déterminer ce que doit être le cœur du débat sur les retraites.

Chacun son idée ! Chacun le choisit en fonction de sa manière de poser le débat, à l'aide de ses mots clés.

Pour débattre des retraites, on peut facilement identifier près d'une centaine de mots clés.

Tous les mots ont été utilisés au cours des 350 années d'évolution du système de protection sociale à la française.

Tous les mots ne sont pas apparus à la même période. Le sens de certains mots ou expressions a même pu évoluer ou avoir des sens différents au cours des 350 années qui se sont écoulées entre 1670 et 2023.

Au fil des années de nombreux mots sont apparus et mis en avant.

Assurance vieillesse ;
Âge de départ à la retraite ;
Taux de remplacement ;
Trimestres validés ; trimestres cotisés ;
Minimum vieillesse ; minimum contributif ;
Smic ;
Pénibilité ;
Solidarité ;
Espérance de vie ;
Salaire de fin de carrière ;
Moyennes des 25 meilleures années ;
Seuil de pauvreté ;
Part de PIB ;
Durée de cotisations...
Décote ;
Surcote ;
Carrière hachée ;
Carrière longue ;
Retraite progressive...
Un vocabulaire riche qui contribue à la complexité.

L'avenir des retraites

Quel que soit cet avenir, il va dépendre de données démographiques, de données économiques et financières et de données politiques.

L'avenir du système sur les retraites relève de la démographie

Du nombre de naissances d'une année dépendra le nombre d'actifs 20 ou 25 ans plus tard.

Du nombre de décès de l'année, quel que soit l'âge du décès va entraîner des conséquences sur le nombre des retraités qui doivent ou devront percevoir des prestations dans les années à venir.

Après les années de la Seconde Guerre mondiale (1939 - 1945), le babyboom de 1945 à 1955 - 1960, devenu le papyboom des années 2006 - 2025 en est une bonne illustration.

Rapport démographique

L'avenir des retraites passe par l'observation du rapport démographique qui est égal au rapport entre le nombre de personnes en emploi et le nombre de retraités.

Cet indicateur participe à l'analyse des dépenses et des recettes du système de retraite.

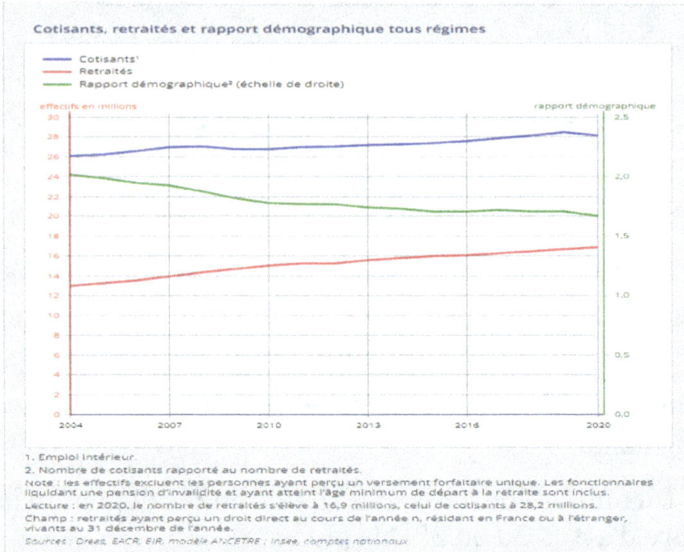

[72]

En 2004, pour 26 millions de cotisants on comptait 13 millions de retraités.

En 2020, pour 28 millions de cotisants le nombre de retraités est de 16,9 millions.

Le rapport démographique est passé de 2,0 à 1,66.

Il a régulièrement baissé durant les 16 dernières années.

Pour inverser la tendance, deux solutions peuvent s'envisager, soit diminuer le nombre de retraités soit augmenter le nombre des cotisants.

Que faire pour obtenir à nouveau un rapport démographique de 2 ?

• si on devait rester à 16,9 millions de retraités, il faudrait 33,8 millions de cotisants. Dans ce cas il faudrait 5,8 millions de cotisants supplémentaires. Chaque année la cohorte partant en retraite compte aux alentours de 700 000 individus. Pour obtenir assez de

[72] Cotisants, retraités et rapport démographique tous régimes | Insee www.insee.fr/fr/statistiques/2415121#graphique-figure1

cotisants supplémentaires, il faudrait retarder le départ en retraite de plus de 8 cohortes.

• si on devait rester à 28 millions d'actifs, il faudrait abaisser à 14,1 millions le nombre de retraités. Ce qui revient à diminuer de près de 3 millions le nombre de retraités. 3 millions d'individus de moins en retraite représentent quatre cohortes de nouveaux retraités.

En proposant de retarder l'âge de départ à la retraite, on propose d'augmenter le nombre des cotisants et de baisser le nombre des retraités.

En retardant de deux ans l'âge de départ, on retient au travail deux cohortes de 700 000 actifs. Cela devrait faire passer le nombre des actifs à 29,4 millions et donc faire deux cohortes de moins de retraités ce qui devrait faire 15,5 millions de retraités donc un rapport démographique de 1,9. Mais n'est-ce pas trop simpliste comme raisonnement ?

Il n'y a pas de certitude pour que tous ceux qui devront retarder leur départ à la retraite soient des cotisants supplémentaires.

Le taux d'emploi chez les seniors est en l'état actuel faible. L'absence de mesures renforçant ou facilitant l'emploi des seniors sont indispensables d'autant que « *les règles d'indemnisation chômage, plus protectrices des salariés seniors, conduisent dans le même temps à réduire les incitations financières à l'emploi en fin de carrière.* »[73]

Même si quelques évolutions ont pu être décelées entre 1975 et 2019 est-ce suffisant ?

---

[73] Simon Akriche, Anna Bornstein, Clément Bourdier *L'emploi des seniors en France*, note de la direction générale du Trésor publié le 17 février 2022.
https://www.tresor.economie.gouv.fr/Articles/2022/02/17/l-emploi-des-seniors-en-france

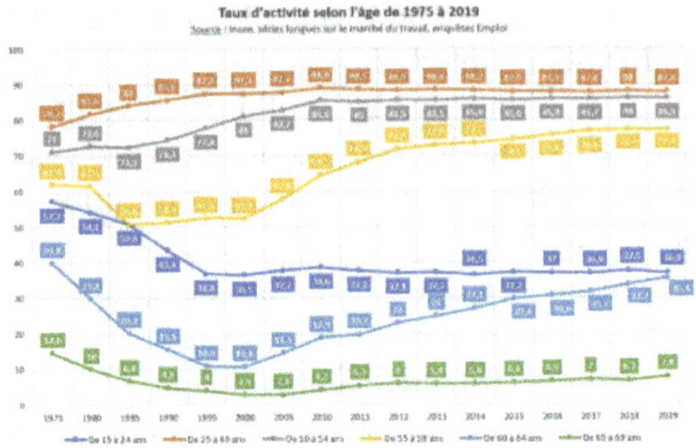

Parmi les 50-64 ans, depuis 2007, le taux d'activité s'accroît plus rapidement chez les plus âgés : plus chez les 60-64 ans que chez les 55-59 ans et plus chez les 55-59 ans que chez les 50-54 ans. Par exemple, chez les 60-64 ans, la hausse est de + 1,7 point en 2019 portant à + 19 points la progression depuis 2007. [74][75]

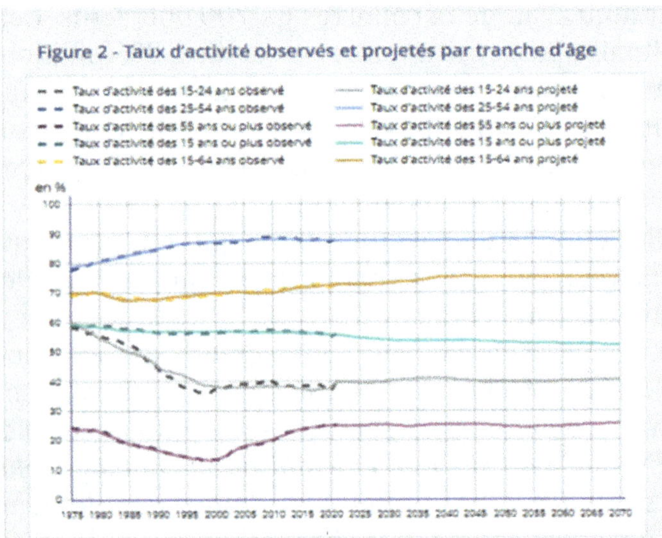

74 https://observatoire-des-seniors.com/669-des-50-64-ans-en-activite-en-2019

75 https://www.insee.fr/fr/statistiques/6453758?sommaire=6453776#graphique-figure1

Espérance de vie

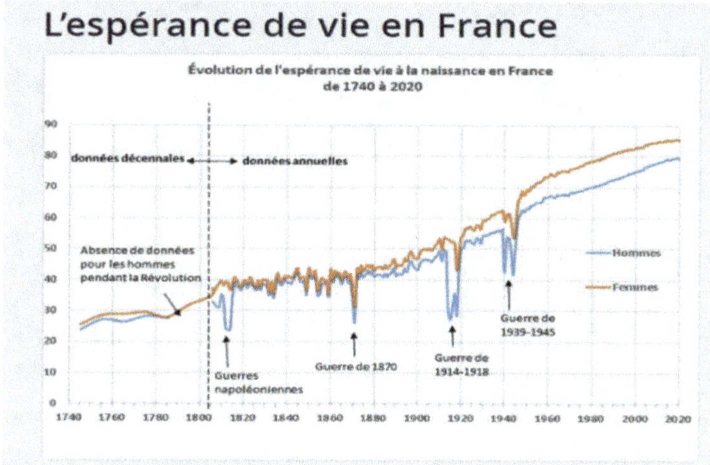

[76]

Dans les données démographiques, il est important d'observer, l'espérance de vie. De l'espérance de vie dépend la durée de versement des prestations de retraite.

Il faut rappeler que lors de la loi qui instituait une « retraite de vieillesse » pour les salariés du commerce, de l'industrie et de l'agriculture en 1910 l'espérance de vie était en France de 49 ans pour les hommes et 52 pour les femmes. L'âge de la retraite était fixé à 65 ans avec possibilité de liquidation dès 55 ans.

Aujourd'hui, en 2022, l'espérance de vie est de 85,4 ans pour les femmes et 79,3 ans pour les hommes. L'âge de départ à la retraite est de 62 ans.

Les projections de l'INSEE à l'horizon 2070 ne laissent pas entrevoir de baisse de la population, ce qu'elles prévoient c'est une augmentation des plus de 65 ans jusqu'en 2040.

---

76 https://www.ined.fr/fr/tout-savoir-population/graphiques-cartes / graphiques-interpretes/esperance-vie-france/

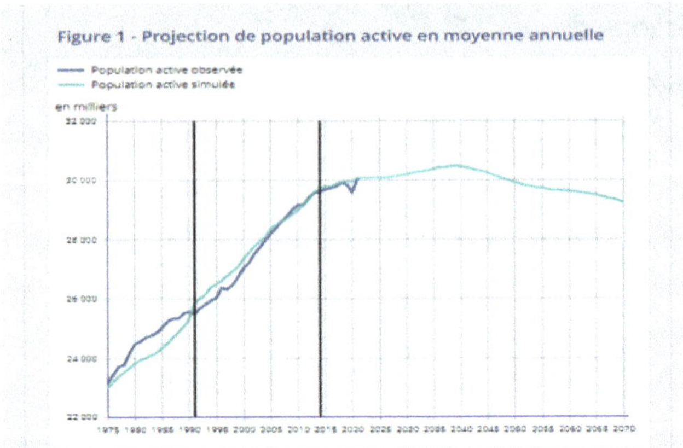

[77]

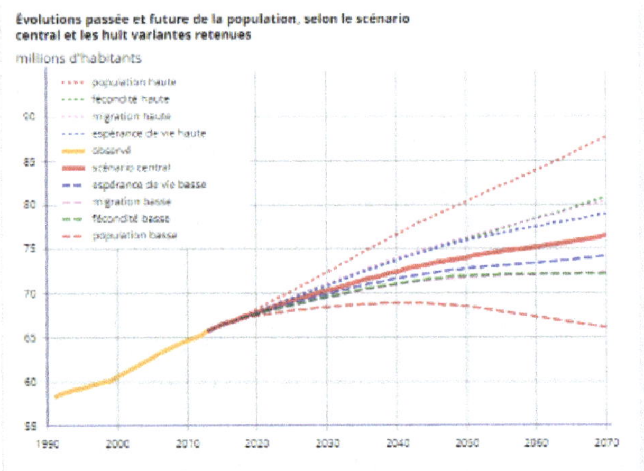

Champ : France hors Mayotte jusqu'en 2012, France y compris Mayotte à partir de 2013.
Source : Insee, estimations de population et projections de population 2013-2070. [78]

Les 65 ans de 2040, sont nés en 1975. Ils ont 48 ans en 2023. Les 65 ans de 2070 sont nés en 2005. En 2023 ils ont 18 ans, peu d'entre eux sont déjà dans le monde du travail.

---

[77]https://www.insee.fr/fr/statistiques/6453758?sommaire=6453776#graphique-figure1
[78]https://www.insee.fr/fr/statistiques/6453758?sommaire=6453776#graphique-figure1

L'avenir du système sur les retraites relève de l'économie

La retraite est par principe liée à la carrière, à l'emploi de celles et ceux qui constituent la population active.

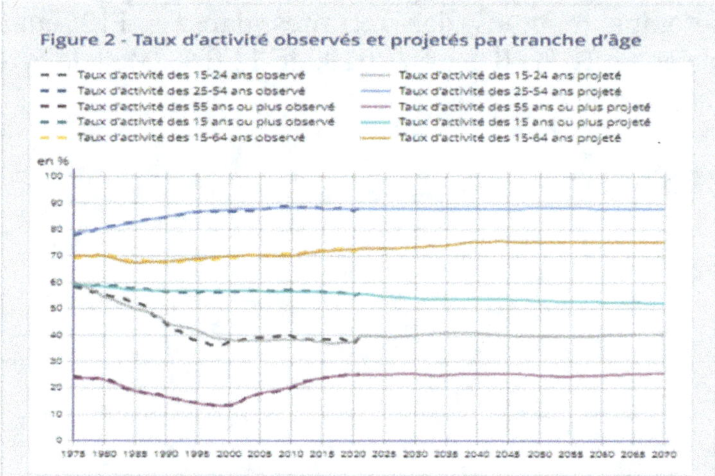

Figure 2 - Taux d'activité observés et projetés par tranche d'âge [79]

Il est donc utile de regarder, par tranches d'âge quels sont les taux d'activité observés et projetés par tranche d'âge.

Un taux faible d'activité chez les 15-24 ans en 2000 peut laisser prévoir qu'en 2040 beaucoup de 55 – 64 ans auront de la difficulté à justifier du nombre de trimestres cotisés requis pour partir en retraite à taux plein.

Un taux d'activité des 55 ans ou plus, faible en 2020, et aussi faible en 2040 laisse présager que l'emploi des seniors ne progresse pas vite sauf prise de mesures d'incitations à l'emploi des seniors très volontaristes.

---

[79]https://www.insee.fr/fr/statistiques/6453758?sommaire=6453776#graphique-figure1

La retraite et le PIB

Un autre élément lié à l'économie doit être regardé. Il mesure la part des retraites dans le PIB et l'évolution du coût des retraites dans le PIB. Pendant longtemps le poids des retraites dans le PIB était inférieur à 10 %. Il est en 2019, de 14,8 %. Mais le PIB n'est pas une valeur figée.

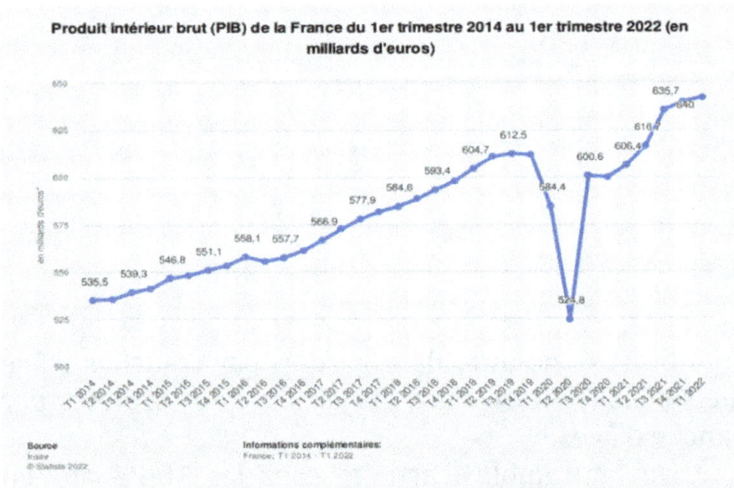

Cette statistique montre l'évolution du produit intérieur brut (PIB) de la France entre le premier trimestre de 2014 et le quatrième trimestre de 2021. Le PIB Français a progressivement augmenté presque chaque trimestre et a finalement atteint 637,29 milliards d'euros au cours du 4e trimestre 2021. Arrimer les retraites à un pourcentage du PIB signifierait qu'en cas de baisse très significative du PIB il faille baisser les retraites. Lorsqu'en 2020, alors que beaucoup de salariés ont vu leurs salaires affectés par la crise sanitaire, le PIB a fortement chuté. A-t-on baissé les retraites ? Par solidarité intergénérationnelle aurait-il été politiquement correct de baisser les retraites ?

Historique de la croissance Française depuis 1950

Le taux de croissance est indiqué par les histogrammes en bleu, hors effet inflation des prix. La moyenne de ces taux chaque décennie permet de mieux dégager les évolutions de fond.

Ainsi jusqu'aux années 70, notre croissance était forte, autour des 5% par an.
C'est la période dite des 30 glorieuses, reconstruction de l'après guerre.

Années 80 : la croissance est divisée par deux, l'inflation reste forte.
Années 90 : l'inflation est maitrisée mais la croissance diminue à 2%.
Années 2000-2010 : la croissance baisse encore vers 1.5%.

En 2020, l'économie est mise à l'arrêt suite au Covid-19, le PIB plonge à -8%
En 2021, la croissance repart et devrait juste effacer le trou d'air de 2021.

[80]

---

[80] https://france-inflation.com/evolution_pib_france.php

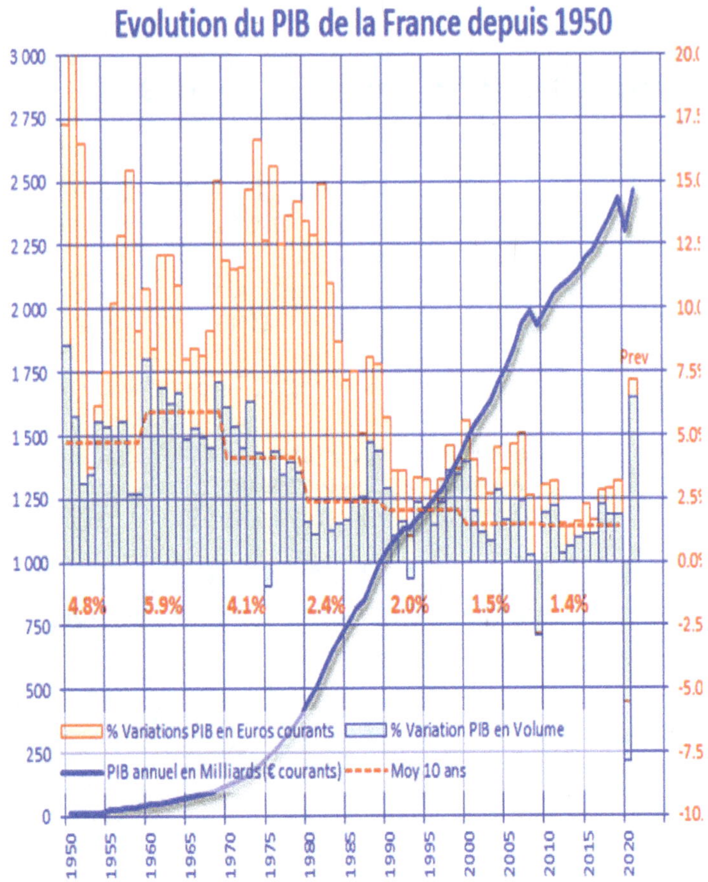

81

81 https://france-inflation.com/evolution_pib_france.php

L'avenir du système sur les retraites relève de son équilibre financier

Selon le 8e rapport du COR (Conseil d'orientation des retraites), le déficit des régimes de retraite de 13 milliards en 2020 serait de 10 milliards en 2021. Selon le CSR (Comité de suivi des retraites), les régimes de retraite ne peuvent pas *« se financer de manière durable par l'endettement »* souligne l'avis. Selon le scénario le plus optimiste, le système ne retrouvera pas un équilibre avant le milieu des années 2030. Pour le CSR il faut maintenir le niveau des dépenses à 13 % du PIB ; diminuer les dépenses de 12 à 15 % et modifier l'indexation des pensions sur les salaires.

Les dépenses de retraite dans le PIB

De 2000 à 2020 les dépenses de retraite sont passées de 11,5% du PIB à 14,7%.

Leur part dans le PIB pourrait baisser mais resterait toujours située entre 13% et 11% au mieux à l'horizon 2070.

Les 4 courbes sont basées respectivement sur une évolution de taux d'inflation de1,8% (marron), 1,5% (orange), 1,3% (bleue) et 1% (verte).

Dépenses du système de retraite en % du PIB observées et projetées

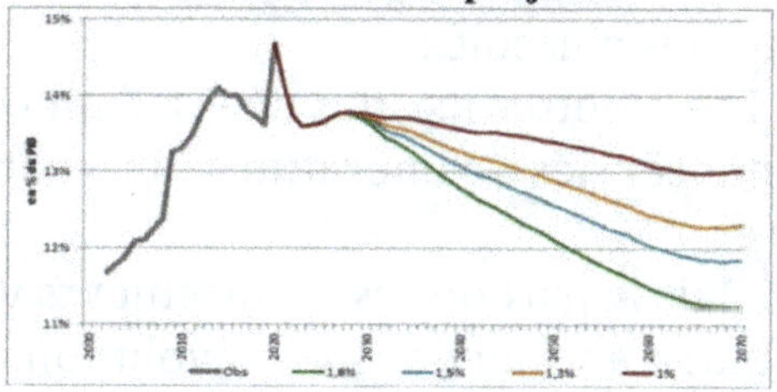

Sources : rapports à la CCSS 2002-2020 ; projections COR – juin 2021.

Pour le COR la trajectoire est « *maîtrisée* » à l'horizon 2070 n'écartant pas des difficultés de financement dans les années à venir.

L'équilibre financier est donc un peu l'histoire d'un verre à moitié plein ou à moitié vide.

Le budget des retraites

Le budget des retraites était de 327,9 milliards en 2019. Ce budget est composé des pensions de retraite de base ; des pensions complémentaires obligatoires ; des pensions de retraite supplémentaires versées par les régimes de mutualité et de prévoyance ; des pensions d'invalidité des personnes de 60 ans et plus, des pensions d'inaptitudes ; des majorations de pensions pour trois enfants et des pensions de droits dérivés ; des droits de réversion.

La principale source de financement des systèmes de retraite provient des cotisations sociales acquittées par les salariés et les employeurs[82]. Elles financent les retraites de bases et complémentaires. À cela vont s'ajouter des recettes fiscales provenant de l'impôt, de la CSG (Contribution sociale généralisée). Elles permettent de financer la part de solidarité dans les systèmes au travers du minimum vieillesse et de la prise en charge forfaitaire des cotisations de retraite, au titre de la validation gratuite des périodes non travaillées, chômage ou arrêts de travail, pour le régime général et les salariés agricoles.

Les recettes fiscales liées à l'impôt vont permettre de financer les exonérations de charges sur les bas salaires.

Mais la part de ces financements varie d'une année sur l'autre en fonctions des évolutions législatives, des spécificités propres à chaque régime mais aussi au regard de leur situation financière et démographique.

Les pensions servies par les régimes de retraite de base se sont élevées à 246,3 Md€ en 2021 et

---

[82] https://www.vie-publique.fr/fiches/37946-comment-le-systeme-de-retraite-est-il-finance

atteindraient 257,5 Md€ en 2022, soit une hausse de 4,6 % après 1,8 % en 2021.

En 2021, les pensions de base ont été versées à 58 % par les régimes alignés (régime général et régime des salariés agricoles), à 32 % par les régimes de la fonction publique, à 6 % par les régimes spéciaux et à 4 % par les autres régimes de base.

En 2021 la Caisse nationale d'assurance vieillesse a été financée à :

* 64,5 % par les cotisations sociales alors qu'en 2013 ces dernières en finançaient 75 % et 83 % en 2003.

* 18 % par des transferts du fonds de Solidarité vieillesse au titre du minimum vieillesse et des trimestres portés au compte de salariés en arrêt de travail.

C'est donc, pour l'équilibre financier, la recherche permanente de l'équilibre entre recettes liées aux cotisations mais pas que... et prestations qu'il faut rechercher en permanence.

Mais tous les régimes n'ont pas les mêmes règles, les mêmes taux de cotisations (voir le tableau ci-après), les mêmes modes de gestion.

Le FSV, Fonds de solidarité vieillesse

Le fonds de solidarité vieillesse assure le financement d'avantages vieillesse non contributifs relevant de la solidarité nationale et servis par les régimes de retraite de base de la sécurité sociale.

- Dans un rapport d'information au Sénat du 8 juin 2016[83] on peut lire « *La mission du fonds de solidarité vieillesse dénaturée. À l'origine le FSV finance un nombre restreint de dispositifs de solidarité. (...)*

[83] https://www.senat.fr/rap/r15-668/r15-6681.pdf

Depuis 2001, les élargissements successifs de ses missions ont brouillé sa lisibilité ». En 2016 pour un montant de produits de 16 442 millions d'euros financé par la CSG (57 %), le prélèvement social et solidarité sur les revenus de placement et de patrimoine (24 %), et plus marginalement une taxe sur les salaires (2 %), le FSV avait dans des charges qui s'élevaient à 20 614 M€. Les transferts du FSV vers les régimes de base représentaient 64 % des charges, le minimum contributif 17 %, le minimum vieillesse 15 %, les majorations de pensions (conjoints à charge, enfants) ne représentant que 0,1 %.

- En 2021, les charges nettes du FSV sont de 19 259 M€ €. dont 18 902 M€ soit 97 % de transferts vers les régimes de base.
- Le FSV prenant en charge les prestations du minimum vieillesse pour 3 959 M€ (soit 20 % des charges).
- Les produits nets du FSV proviennent de la CSG et autres contributions, dont 57 % de la CSG sur les revenus du capital et 49 % de la CSG sur les revenus d'activité.[84]

[84] Les comptes de la Sécurité Sociale – septembre 2022, pg 174

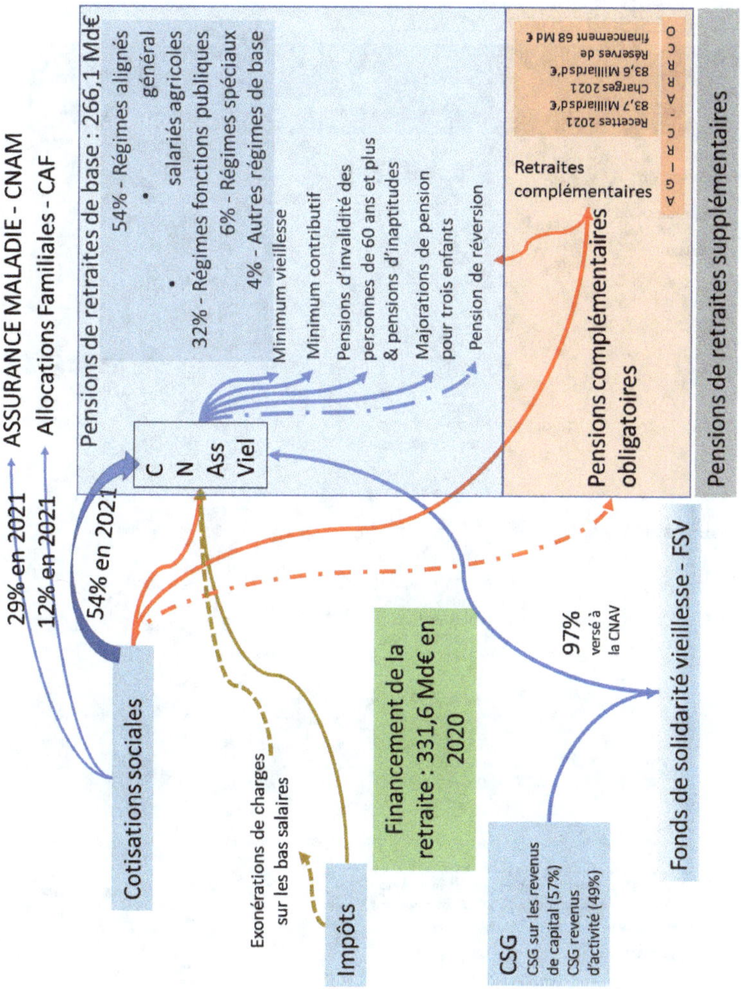

29% en 2021
ASSURANCE MALADIE - CNAM
12% en 2021
Allocations Familiales - CAF
54% en 2021
Cotisations sociales
C N Ass Viel
Pensions de retraites de base : 266,1 Md€
54% - Régimes alignés
• général
• salariés agricoles
32% - Régimes fonctions publiques
6% - Régimes spéciaux
4% - Autres régimes de base
Minimum vieillesse
Minimum contributif
Pensions d'invalidité des personnes de 60 ans et plus & pensions d'inaptitudes
Majorations de pension pour trois enfants
Pension de réversion
Exonérations de charges sur les bas salaires
Impôts
Financement de la retraite : 331,6 Md€ en 2020
Retraites complémentaires
AGIRC - ARRCO
Recettes 2021
83,7 Milliards d'€
Charges 2021
83,6 Milliards d'€
Réserves de financement 68 Md €
Pensions complémentaires obligatoires
Pensions de retraites supplémentaires
97% versé à la CNAV
CSG
CSG sur les revenus de capital (57%)
CSG revenus d'activité (49%)
Fonds de solidarité vieillesse - FSV

Les cotisations sociales

	CNAV	AGIRC-ARRCO	Fonctionnaires Pensions + RAFD	CNAVPL	MSA Exploitants agricoles	RSI
Totalité de la rémunération	1,90% + 0,40% = 2,3%					
Dans la limite du plafond de Sécurité Social < 41 136€	8,55% + 6,90% = 15,45%					
Tranche 1 T1< 41 136€/an		4,42% + 3,15% = 7,87% 1,29% + 0,86% = 2,15% contribution d'équilibre général (CEG) 10,02%				
Tranche 2 AGIRC-ARRCO 41 136€<T2<324 192€		12,95% + 8,64% = 21,59% 0,21% + 0,14% = 0,35% CET (Contribution d'équilibre technique) 1,62% + 1,08% = 2,70% contribution d'équilibre général (CEG) 24,64%				
Traitement indiciaire			11,10%			
(Indemnité de résidence + Supplément familial de traitement (SFT) + Primes et indemnités + Avantages en nature) dans la limite de 20 % du montant du traitement indiciaire brut			5%			
Revenu professionnel					4%	
Revenu < 41 136€				8,23%		17,75 %
41 136€ < Revenu						0,60%
41136<T2<205 680€				1,87%		

Il faut noter que les dépenses de retraites des fonctionnaires de l'État pour partie ne sont pas directement liées aux dépenses de la CNAV. Elles apparaissent dans le budget de l'État au titre des pensions.

Répartition du budget de l'État en France en 2022, par mission

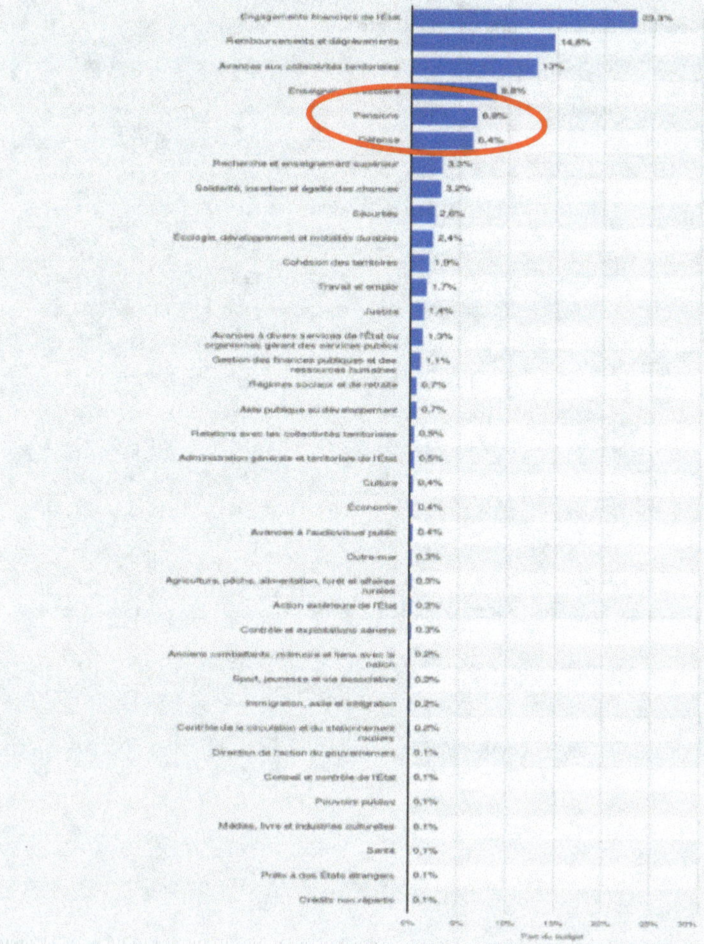

Source

Informations complémentaires:

Répartition des pensions par ministère [modifier | modifier le code]

En 2020 et 2021, les pensions versées par le SRE étaient réparties de la façon suivante[13] :

	Ministère	2020	Hommes	Femmes	2021	Hommes	Femmes
Civil		1 814 689	740 982	1 073 707	1 781 120	721 979	1 059 323
	Défense	42 140	20 460	21 680	40 972	19 964	21 008
	Économie	150 295	67 484	82 811	144 144	65 250	78 894
	Education	1 088 364	353 045	735 319	1 085 816	350 126	735 690
	Equipement	71 790	48 113	23 677	69 535	46 681	22 854
	Intérieur	177 586	112 178	65 408	173 934	109 828	64 106
	Justice	84 363	38 138	46 225	82 262	37 255	45 007
	Orange	35 989	23 434	12 555	30 680	19 925	10 755
	La poste	79 279	41 558	37 721	71 956	37 502	34 454
	Autre	84 883	36 572	48 311	81 821	35 266	46 555
Militaire		368 549	303 365	65 184	376 932	308 899	68 033
	Armées	251 043	211 265	39 778	258 339	216 753	41 586
	Gendarmes	116 247	91 150	25 097	117 379	91 229	26 150
	Autres	1 259	950	309	1 214	917	297
Ensemble		2 183 238	1 044 347	1 138 891	2 158 052	1 030 696	1 127 356

Les retraites de base versées aux fonctionnaires territoriaux et hospitaliers sont versées par la CNRACL.

Les cotisations des employeurs publics aux financements de la retraite apparaissent dans les budgets de fonctionnement de ces employeurs publics.

Le régime complémentaire AGIRC-ARRCO géré paritairement par des représentants des salariés et des employeurs ont obligation structurelle à adapter les règles et trouver un équilibre financier. « *La situation financière du régime fusionné s'est fortement améliorée, passant d'un déficit de 4,0 Md€ en 2020 à un excédent de 2,8 Md€ en 2021, supérieur au niveau d'avant crise* »[85]

Le régime complémentaire qui bénéficie aux agents contractuels de droit public, l'IRCANTEC est géré par la Caisse des Dépôts et compensation. Après 2017, « *Le régime doit disposer au terme de vingt ans d'un montant de réserves équivalent à une fois et demie le montant annuel prévu des prestations* » [86]

Certains régimes avec un rapport cotisants/bénéficiaires très favorable peuvent même être excédentaires. C'est le cas de la CNBF (Caisse nationale des barreaux français) qui gère à la fois régime de base et régime complémentaire des avocats. En 2021 avec 73 902 cotisants vieillesse et 24 345 bénéficiaires vieillesse et invalidité le régime affichait un résultat net de 170 M€ pour des produits nets de 432 M€. Alors que le régime complémentaire des exploitants agricoles avec 445 851 cotisants et 659 447 bénéficiaires vieillesse affichait un résultat net de - 10 M€.

---

[85] Le comptes de la Sécurité Sociale, Résultats 2021, Rapport de septembre 2022, pg 278

[86] Les comptes de la Sécurité sociale, Résultats 2021, Rapport de septembre 2022, pg 282

L'avenir du système sur les retraites relève de données politiques

Faire le choix de la retraite par répartition au cœur du pacte social qui unit les générations relève d'un choix politique clairement exprimé dans la loi n° 2003-775 du 21 août 2003. En l'état actuel ce choix ne semble pas remis en cause hormis les partisans de la mise en place d'un régime par capitalisation. Ceux-là sont souvent ceux qui estiment payer trop d'impôts, qui croulent sous le poids des charges sociales qu'ils estiment toujours trop élevées. Pour les partisans de la capitalisation, il serait plus raisonnable de laisser chacun disposer de ses propres revenus d'activité et de laisser chacun les investir dans le patrimoine ou le financier en attendant de dégager des revenus qui, le moment venu, permettront de financer sa retraite.

Ce choix est sans doute respectable mais peu conforme à l'idée de Solidarité qui est mise en application par les régimes distributifs.

Même si de nombreuses tentatives pour faire évoluer la retraite vers le développement de la retraite par capitalisation et le développement des dispositifs d'épargne-retraite individuels ou d'entreprises, ont été tentés la retraite reste encore un dispositif collectif qui devrait permettre à chaque citoyen d'envisager d'aborder la fin de la vie active et donc la vieillesse sans craindre de ne pas pouvoir satisfaire à ses besoins premiers et essentiels : pouvoir se nourrir, pouvoir se loger et pouvoir rester en bonne santé ou à défaut pouvoir se soigner quel que soit son état de santé.

Revaloriser le minimum vieillesse et/ou le minimum contributif pour permettre à tous de vivre sans avoir la crainte, voire la hantise, de tomber dans la pauvreté est une bonne chose. Mais cela ne suffit pas à rendre la retraite plus juste. La complexité et la diversité des régimes sont source d'inégalité.

Vouloir réformer la retraite cela devrait être vouloir trouver des règles justes et universelles qui s'appliquent à tous équitablement.

Si chacun est maître de son destin et si l'espérance de vie à la naissance est la même pour tous les individus, les conditions sociales dans lesquelles les individus vont évoluer vont vite créer des inégalités. Certaines pourront se corriger ou s'atténuer au cours de la vie mais d'autres seront de lourds handicaps que la société et surtout ceux qui la dirigent doivent avoir la volonté de rectifier.

C'est en cela que l'avenir des retraites est un sujet éminemment politique.

En 2017, l'annonce de vouloir faire converger l'ensemble des régimes de retraite vers un régime universel par points considéré comme plus juste était au cœur du débat.

Des travaux ont été engagés, entre 2017 et 2019, autour de la mission de concertation du Haut-commissaire à la retraite. Cela semblait aller dans le bon sens.

Les crispations, bien françaises, eurent raison de la réforme qui se profilait. La crise sanitaire du COVID 19 en 2020 n'a rien arrangé. Alors qu'en 2017, on prétendait que la remise en cause de l'âge de départ à la retraite n'était pas d'actualité, en 2023 c'est devenu le point central de la crispation autour de la $n^{ième}$ réforme mise en débat depuis plus de 350 ans.

Faut-il ? Peut-on réformer les retraites en France ?

La plupart des constats, des analyses transcrites dans de nombreux rapports font des propositions pour faire évoluer le système des retraites.

- ❖ Livre blanc sur les retraites en 1991
- ❖ Rapport Charpin en 1998
- ❖ Rapport Delevoye en 2019
- ❖ Rapports du Cor de 2001 à 2022
- ❖ Rapports parlementaires depuis ....
- ❖ Avis du CSR de 2014 à 2022
- ❖ .....

Depuis 1993 de nombreuses modifications législatives ont été votées par le parlement. Chaque fois les réformes adoptées promettent d'œuvrer à la pérennité du système de retraite en France.

À chaque fois il est des corporatismes, des oppositions voire des injonctions politiques pour s'opposer démontrant que la France pays des Lumières, de la Liberté, de l'Égalité et de la Fraternité n'a plus confiance dans sa démocratie et deviendrait ingouvernable.

Ces échecs pour faire évoluer le système de retraites en disent long d'une société qui n'a plus confiance en elle-même qui ne croit plus en son avenir et en la capacité du collectif pour faire perdurer ce qui l'a fait grandir.

En rejetant sur l'autre la cause de l'échec sans admettre que l'échec est souvent collectif les français, leurs corps intermédiaires, leurs dirigeants auraient-ils perdu toute faculté de comprendre, de juger et d'admettre que si le pouvoir appartient au peuple comme certains aiment à le souligner, le pouvoir démocratique responsable doit tenir compte de l'avis de ses experts sans oublier de tenir compte de l'opinion de son peuple en toutes circonstances, y compris en dehors des périodes électorales et lorsqu'il s'exprime massivement dans la rue.

Avec le livre « *La retraite en France - Comprendre pour mieux débattre* » je complétais ma réflexion amorcée dans « *La protection sociale des agents publics et des salariés* », publié en 2004, dans lequel j'évoquais l'harmonisation des régimes de protection sociale ainsi qu'elle avait été envisagée dans la loi n° 74-1904 du 24 décembre 1974 relative à la protection sociale commune à tous les français. Un système commun a été institué pour deux des trois branches de la protection sociale qui sont la maladie maternité, vieillesse, prestations familiales. Mais toutes les démarches d'harmonisation de la branche vieillesse ont échoué.

Celui qui voudra réussir à réformer la retraite doit avant toute chose être pédagogue c'est-à-dire qu'il doit savoir expliquer le pourquoi et les objectifs de sa réforme.

C'est sans doute ce qu'ont omis de faire beaucoup de ceux qui ont voulu réformer « *les retraites* » réduisant parfois leur projet de réforme à l'énonciation de slogans simplistes alors même que le sujet est complexe.

En donnant comme sous-titre « *Comprendre pour mieux débattre* » à mon précédent ouvrage, je tentais de redevenir pédagogue. L'ouvrage était à la fois étude et essai. L'étude voulait aider à comprendre, l'essai voulait aider à débattre.

Mais, réformer la retraite en France ce n'est pas univoque. Nul ne pourra réformer en jetant l'anathème, en condamnant ceux qui ne sont pas de son avis. C'est en faisant confiance à la raison de l'homme et en proposant des choix qui permettront à chacun d'exprimer son propre jugement qu'un jour on réussira là où beaucoup ont échoué.

Annexes

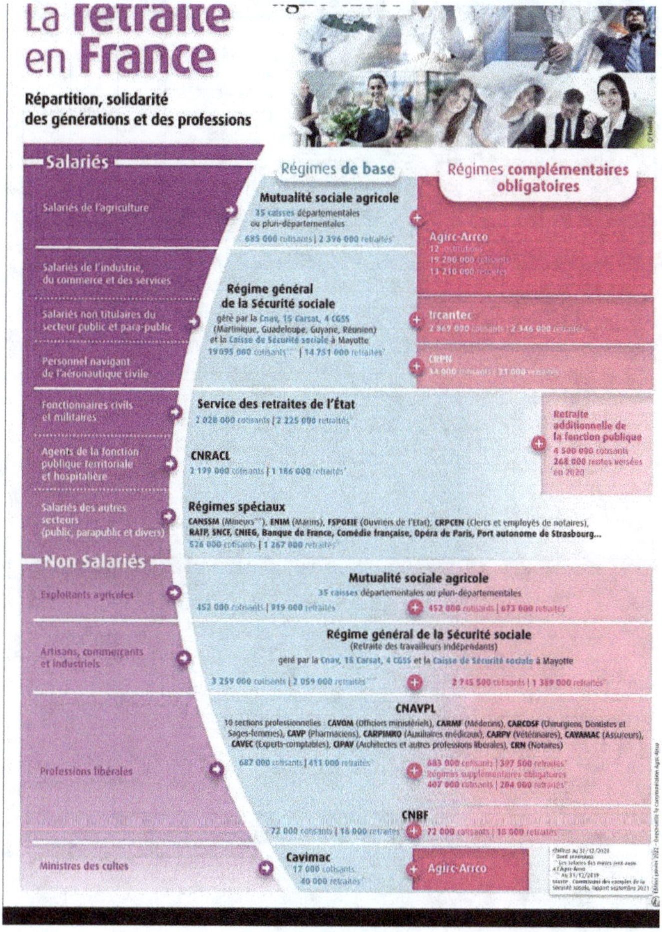

Manque dans ce tableau (de janvier 2022) les auto-entrepreneurs et/ou micro-entrepreneurs. Ils étaient 1,3 million en 2019, ils seraient près de 2,3 millions en 2021.

Annexe 1 : Mosaïque des régimes

Tableau 19 • Population couverte par les régimes de base en 2022

Régime	Population couverte	Maladie-invalidité	AT/MP	Vieillesse
Régime général	Salariés du secteur privé	•	•	•
	Employés de maison (EPM)			
	Agents non titulaires des fonctions publiques d'Etat, territoriale et hospitalières			
	Artistes auteurs			
	Professions artisanales, industrielles et commerciales			
	Fonctionnaires civils, ouvriers de l'Etat et fonctionnaires de la Poste et France Télécom			
	Agents titulaires des collectivités locales et hospitalières			
	Professions libérales (y compris PAM, hors artistes auteurs et avocats)			
	Etudiants			
	Agents titulaires des industries électriques et gazières			
	Frontaliers suisses			
	Rentiers			
	Autres *			
Régime des salariés agricoles	Salariés des exploitations agricoles et activités connexes	•	•	•
Régime des exploitants agricoles	Exploitants agricoles	•	•	•
Sous total régimes agricoles	**2 régimes**	**2**	**2**	**2**
Caisse nationale d'assurance vieillesse des professions libérales (CNAVPL)	Professions libérales (y compris PAM, hors artistes auteurs et avocats)			•
Caisse nationale du barreau français (CNBF)	Avocats			•
Sous total régimes de non salariés - non agricoles	**2 régimes**	**0**	**0**	**2**
Régime des fonctionnaires civils et militaires de l'Etat	Fonctionnaires civils et militaires, fonctionnaires de La Poste et France Télécom	○	○	•
Caisse nationale militaire de sécurité sociale (CNMSS)	Fonctionnaires militaires	•		
Fonds spécial des pensions des ouvriers des établissements industriels de l'Etat (FSPOEIE)	Ouvriers de l'Etat	○		•
Caisse nationale de retraite des agents des collectivités locales (CNRACL)	Agents titulaires des collectivités locales et hospitalières	○		•
Fonds d'allocation temporaire d'invalidité des agents des collectivités locales (FATIACL)	Agents titulaires des collectivités locales et hospitalières		•	
Caisse autonome nationale de sécurité sociale dans les mines (CANSSM)	Travailleurs des mines et ardoisières	•	•	•
Régime spécial des industries électriques et gazières (IEG)	Personnel des industries électriques et gazières	○	•	•
Régime spécial des agents de la SNCF	Agents de la SNCF	•	•	•
Régime spécial des agents de la RATP	Agents de la RATP	•	•	•
Etablissement national des invalides de la marine (ENIM)	Marins professionnels du commerce, de la pêche maritime et de la plaisance	•	•	•
Caisse de retraite et de prévoyance des clercs et employés de notaires (CRPCEN)	Clercs et employés de notaires	•		•
Sous total régimes spéciaux et assimilés	**11 régimes**	**6 • / 4 ○**	**6 • / 1 ○**	**9**
Caisse d'assurance vieillesse, invalidité et maladie des cultes (CAVIMAC)	Ministres des cultes et membres des congrégations et collectivités religieuses	•		•
Assemblée Nationale	Députés et personnel de l'Assemblée Nationale	•		•
Sénat	Sénateurs et personnel du Sénat	•		•
Banque de France	Personnel titulaire de la Banque de France		•	•
Service de l'allocation spéciale aux personnes âgées (SASPA)	Français résidents de 65 ans et plus, non affiliés à un régime de base			•
SEITA	Employés de l'industrie des tabacs et allumettes			•
Opéra de Paris	Personnel de l'Opéra de Paris			•
Comédie Française	Personnel de la Comédie Française			•
RISP	Sapeurs pompiers volontaires			•
RATOCEM	Ouvriers civils des établissements militaires		○	
Mairie de Paris	Retraités bénéficiant d'anciens statuts spécifiques		○	
Département de Paris			○	
Assistance publique de Paris			○	
Préfecture du haut-Rhin				•
CRCFE (agents des chemins de fer d'éthiopie)				•
CRRFOM (agents des chemins de fer d'outre-mer)				•
Sous total autres régimes spéciaux *	**16 régimes**	**3**	**1 • / 4 ○**	**12**
Total régimes de base	**32 régimes**	**12 • / 4 ○**	**10 • / 5 ○**	**26**

Note de lecture : Les tableaux reposent sur la notion de branche, et non de risque. Il en résulte notamment que le risque invalidité est conventionnellement inclus dans la branche maladie pour les personnes avant l'âge légal de départ à la retraite, et dans la branche vieillesse après. Certains régimes vieillesse servent des pensions d'invalidité ou des rentes (des pensions de réforme). Lorsque ce sont les seules prestations incluses dans les comptes de la branche, la case est notée du symbole "○". Les risques couverts correspondent dans les tableaux à une case notée du symbole « • », les risques non couverts à une case vide. Par exemple, les fonctionnaires civils de l'État sont assurés à la CNAM en maladie. Ils sont affiliés à un régime spécial en AT / MP et en vieillesse.

* Cette catégorie comprend le personnel de la banque de France, les ouvriers civils des établissements militaires, les employés de l'industrie des tabacs et allumettes, les sapeurs-pompiers volontaires, le personnel des théâtres nationaux (Opéra de Paris, Comédie Française), les ministres des cultes d'Alsace-Moselle, les agents des chemins de fer de l'Hérault, d'Ethiopie et d'Outre-mer, le personnel du conseil général, de la mairie et de l'assistance publique de Paris

Liste des régimes spéciaux[87]

Liste des régimes spéciaux de retraite

Les **régimes spéciaux** qui couvrent le risque vieillesse sont :

•Le **régime des fonctionnaires**, magistrats et militaires relevant du code des pensions civiles et militaires de retraite (CPCMR)

•Le **régime de la SNCF** avec la caisse de prévoyance et de retraite de la SNCF (CPRPSNCF)

•Le régime des Clercs et employés de Notaire avec la caisse de Retraite et de Prévoyance des Clercs et Employés de Notaires (CRPCEN)

•Le **régime de la RATP** avec la caisse de Retraite du Personnel de la RATP (CRP RATP)

•Le **régime des Marins** avec l'Établissement National des Invalides de la Marine (ENIM)

•Le **régime EDF-GDF** des Industries Electriques et Gazières avec la caisse Nationale des Industries Electriques et Gazières (CNIEG)

•Le régime des Cultes avec la caisse d'Assurance Vieillesse et Maladie des Cultes (CAVIMAC)

•Le **régime parlementaire** du Sénat avec la caisse autonome de Sécurité sociale du Sénat (CASS SENAT) qui n'a pas été aligné sur celui de la Fonction publique

•Le régime parlementaire de l'Assemblée Nationale avec le Fonds de sécurité sociale de l'Assemblée Nationale (FSS Assemblée nationale), aligné depuis le 1er janvier 2018 sur celui de la Fonction publique

•Le régime des Mines avec la caisse des Dépôts et Consignations - **Retraites des Mines** (CDC)

•Le régime des ouvriers des établissements industriels de l'Etat avec la caisse des Dépôts et Consignations (CDC)

•Le régime des agents des collectivités locales avec la caisse des Dépôts et Consignations (CDC)

•Le régime des personnels de l'Opéra National de Paris avec la caisse de Retraites des Personnels de l'Opéra de Paris

•Le régime de la Comédie Française (CRPCF)

•Le régime du Port autonome de Strasbourg

•Le régime de la banque de France

---

87 https://www.previssima.fr/question-pratique/quels-sont-les-regimes-speciaux-de-retraite.html#liste-des-regimes-speciaux-de-retraite

0	**Quelques repères de dates dans les évolutions des lois et règlements sur 350 ans**
1	1673, 23 septembre, Édit du 23 septembre 1673 créant un système d'assurance retraite imposant une retenue sur solde pour alimenter le *Fonds des invalides de la Marine*
2	
3	1675, 7 août, Note du 7 août 1675, les ayants droits des marins blessés ou décédés bénéficient d'un versement équivalent à un mois de solde, *Mois des familles*
4	1683, ... ,l'administration est supervisée par une Ferme générale
5	1689, 15 avril, Ordonnance de Jean-Baptiste de Seignelay, régime de la demi-solde qui impose une rente aux marins et officiers blessés ou estropiés
6	1709, ... , les rentes sont étendues aux infirmités liées à l'âge et aux personnels de la marine commerciale
7	1768, 13 février, annonce de la création d'une caisse pour procurer des retraites aux employés des brigades des fermiers généraux...
8	1780, ,,,, disparition de la caisse de retraite des fermiers généraux
9	1784, ... , Ordonnance du maréchal Charles-Eugène de Castries autorise l'attribution d'une pension, à chaque marin âgé d'au moins 60 ans, sans condition d'invalidité
10	1793, 19 mars, Loi pour la création d'une Caisse de prévoyance. Cette caisse ne sera pas mise en place
11	1795, 26 octobre, (4 brumaire an IV), arrêté de la Convention sur la retraite des anciens salariés de la Ferme Générale et des fermes provinciales
12	1797, 21 avril (2 floréal an V), complément à l'arrêté du 4 brumaire an IV qui concerne les agents des douanes
13	1804, ... , mise en place de nombreux régime de retraite pour les fonctionnaires afin d'assurer une bonne administration des affaires du pays
14	1831, 11 avril, Loi sur les droits aux pensions au sein de l'armée de terre
15	1831, 18 avril, Loi sur les droits aux pensions au sein de la marine
16	1845, ... , création de la première caisse de retraite par la Compagnie du Chemin de fer de Paris à Orléans
17	1850, 18 juin, mise en place d'une Caisse de retraite pour la vieillesse
18	1850, 15 juillet , reconnaissance des Secours mutuels
19	1851, 11 mai, les fonds collectés par les secours mutuels sont transférés à la caisse des retraites pour la vieillesse
20	1853, 28 mai, les taux d'intérêts des versements sont limités à 4,5% et un plafond de souscription fixé
21	1853, 8 juin , Loi instituant un régime de pensions pour tous les fonctionnaires civils et militaires et des droits de réversion
22	1861, 25 juin, révision des dispositions des Lois du 11 et 18 avril 1831
23	1864, 4 mai, le plafond des retraites est fixé à 1500 francs et le plafond des versements est fixé à 4000 francs

24	1865, 26 avril, révision des dispositions des Lois du 11 et 18 avril 1831
25	1868, 11 juin, création de la Caisse des retraites pour la vieillesse
26	1869, 10 avril, révision des dispositions des Lois du 11 et 18 avril 1831
27	1886, 20 juillet, révision des plafonds et la caisse devient Caisse *nationale* des retraites pour la vieillesse
28	1890, 27 décembre, obligation d'homologation ministérielle pour les différentes caisses
29	1894, 29 juin, Loi qui impose aux mineurs et employeurs de cotiser à hauteur de 4% de la masse salariale, 2% et 2% modifiée par la loi du 25 février 1914
30	1909, 21 juillet, harmonisation des régimes de retraite des cheminots
31	1910, 5 avril, institutions des rentes ouvrières et paysannes. L'âge normal de retraite est 65 ans
32	1911, 28 décembre, nouvelles harmonisations et améliorations dont les pensions de réversion de la retraite des cheminots
33	1913, 30 décembre, révision des dispositions des Lois du 11 et 18 avril 1831
34	1920, 25 mars, révision des dispositions des Lois du 11 et 18 avril 1831
35	1922, 12 avril, révision des dispositions des Lois du 11 et 18 avril 1831
36	1924, 14 avril, révision des dispositions des Lois du 11 et 18 avril 1831
37	1928, 5 avril, « *les assurances sociales couvrent les risques maladies, invalidité prématurée, vieillesse, décès, participent aux charges de famille, de maternité, et de chômage involontaire.* »
38	1930, les caisses locales créées « *pour faire face aux difficultés provoquées par les intempéries, les maladies, les accidents, le vieillissement ou la perte de bétail* » se fédèrent dans la MSA
39	1939, Création de nouvelles caisses particulières : pour les agents des collectivités locales, elles sont 627 en 1940 ; pour les salariés de la Compagnie du métropolitain de Paris
40	1945, 17 mai, Ordonnance n° 45-993 du 17 mai 1945 création de la CNRACL
41	1945, 4 octobre, Ordonnance n° 45-2250 du 4 octobre 1945 création de la Sécurité sociale
42	1945, 19 octobre, Ordonnance n° 45-2456 du 19 octobre 1945 portant statut de la mutualité
43	1947, 14 mars 1947 signature de la convention collective nationale de retraite et de prévoyance des cadres
44	1947, 19 septembre, Décret n° 47-1846 du 19 septembre 1947 portant règlement d'administration publique pour la constitution de la caisse nationale de retraites prévue à l'article 3 de l'ordonnance n° 45-993 du 17 mai 1945 relative aux services publics des départements et des communes et de leurs établissements publics
45	1948, 17 janvier, Loi n° 48-101 du 17 janvier 1948 instituant une allocation de vieillesse pour les personnes non salariées
46	1948, 21 mars, création de la société mère , la régie autonome des transports parisiens
47	1948, 19 juillet, Décret n°48-1179 du 19 juillet 1948 portant règlement d'administration publique relatif au régime provisoire de l'organisation autonome d'assurance vieillesse des professions libérales

48	1949, ... ,Institution de prévoyance des agents contractuels et temporaire de l'Etat
49	1949, ... ,naissance de la Caisse centrale de mutualité sociale agricole.
50	1951, ... , institution d'une assurance vieillesse pour les salariés agricoles.
51	1952, ..., création de la CNAVNA.
52	1956, 30 juin, Loi n° 56-639 du 30 juin 1956 portant institution d'un fonds national de solidarité
53	1956, 1er décembre, Loi n° 56-1222 du 1er décembre 1956 relative à la coordination des régimes de retraite professionnelle
54	1959, ... création de l'Institution générale de retraite des agents non-titulaires de l'Etat
55	1961, 8 décembre, accord national interprofessionnel généralisant le système de la retraite complémentaire
56	1963, 18 décembre, Loi n° 63-1240 du 18 décembre FNE et convention de préretraite
57	1967, 21 août, Ordonnance confirmant les prérogatives des caisses de la MSA « *assurer le recouvrement des cotisations de prestations familiales, d'assurance maladie et d'assurance vieillesse... ainsi que le service des prestations correspondantes* »
58	1967, 21 août, Ordonnance n° 67-706 du 21 août 1967 relative à l'organisation administrative de la sécurité sociale
59	1971, ... , création de l'Institution de retraite complémentaire des agents non titulaires ce l'Etat et des collectivités publiques
60	1971, 31 décembre, Loi n°71-1132 du 31 décembre 1971 portant amélioration des pensions de vieillesse du régime général de sécurité sociale et du régime des travailleurs salariés agricoles
61	1972, 27 mars, accord national interprofessionnel du 27 mars 1972, un dispositif de garantie de ressources est mis en place pour les chômeurs âgés de plus de 60 ans et licenciés, assurant au bénéficiaire 70 % de son dernier salaire brut.
62	1972, 5 juillet, Loi n°72-635 du 5 juillet 1972 SUR LA GARANTIE DE RESSOURCES DES TRAVAILLEURS AGES DE 60 ANS AU MOINS ET PRIVES D'EMPLOI
63	1972, 29 décembre, Loi n°72-1223 du 29 décembre 1972 PORTANT GENERALISATION DE LA RETRAITE COMPLEMENTAIRE AU PROFIT DES SALARIES ET ANCIENS SALARIES
64	1977, 13 juin, Accord national interprofessionnel du 13 juin 1977 complétant et modifiant l'accord du 27 mars 1972 permettant aux salariés démissionnaires âgés de 60 ans de bénéficier de la garantie de ressources
65	1982, 26 mars, Ordonnance n° 82-270 du 26 mars 1982 relative à l'abaissement de l'âge de la retraite des assurés du régime général et du régime des assurances sociales agricoles.
66	1991, 15 avril, Livre blanc sur les retraites ; Le Livre blanc sur les retraites est le fruit d'un travail technique interministériel coordonné par le Commissariat général du Plan. Préfacé par le Premier ministre, M. Michel Rocard, le Livre blanc présente la situation de l'ensemble des régimes de retraite et leurs perspectives d'évolution. Il propose également différentes réformes pour faire face aux effets du vieillissement démographique
67	1993, 22 juillet, Loi n°93-936 du 22 juillet 1993, modification du mode de calcul des retraites
68	1993, 27 août , Décret n°93-1022 du 27 août 1993 relatif au calcul des pensions de retraite modifiant le code de la sécurité sociale et le décret n° 90-161 du 19 février 1990 pris pour l'application de l'article 1038 du code rural

69	1994, 11 février, Loi n° 94-126 du 11 février 1994 relative à l'initiative et à l'entreprise individuelle
70	2000, 10 mai, Décret n° 2000-393 du 10 mai 2000 portant création du Conseil d'orientation des retraites
71	2001, 17 juillet, Loi n° 2001-624 du 17 juillet 2001 portant diverses dispositions d'ordre social, éducatif et culturel ; création d'un fons de réserve pour les retraites
72	2003, 21 août, Loi n° 2003-775 du 21 août 2003 portant réforme des retraites
73	2005, 31 mars, Ordonnance n° 2005-299 du 31 mars 2005 relative à la création à titre provisoire d'institutions communes aux régimes de sécurité sociale des travailleurs indépendants Caisse nationale du régime social des travailleurs indépendants
74	2008, 30 juin, Décret n° 2008-637 du 30 juin, réforme du régime spécial RATP
75	2008, 27 juin 2008, Décret n° 2008-627 du 27 juin 2008 relatif au régime de retraite et d'invalidité du personnel des industries électriques et gazières
76	2008, 30 juin, Décret n° 2008-639 du 30 juin portant réforme du régime de retraite du personnel de la SNCF
77	2010, 9 novembre, loi n°2010-1330 du 9 novembre 2010 portant réforme des retraites supprime la possibilité de départ anticipé à la retraite des fonctionnaires parents de trois enfants ayant quinze ans de services effectifs sauf pour les fonctionnaires réunissant les conditions nécessaires avant le 1er janvier 2012.
78	2014, 20 janvier, loi n° 2014-40 du 20 janvier 2014 « garantissant l'avenir et la justice du système de retraites » est structurée autour des trois idées-forces suivantes : Assurer la pérennité des régimes de retraite. A cette fin, sont notamment prévues les mesures suivantes : - la durée d'assurance requise pour une retraite à taux plein passera progressivement ...
79	2017, 17 novembre, ACCORD NATIONAL INTERPROFESSIONNEL INSTITUANT LE REGIME AGIRC-ARRCO DE RETRAITE Complémentaire ; unification de l'AGIRC et de l'ARRCO
80	2019, 22 mai, LOI n° 2019-486 du 22 mai 2019 relative à la croissance et la transformation des entreprises ; nouveaux dispositifs d'épargne retraite

Les textes et citations du relevé ci-dessus ont été identifiés par la lecture directe ou indirecte d'ouvrages ou de sites internet qui font référence sur le sujet. Certains sont cités ci-dessous :

* *Les Caisses de retraite et la mutualité devant la Constituante et devant la Législative* (1848-1851) Ferdinand-Dreyfus, revue d'histoire du XIXe siècle 1848, p.20 - www.persee.fr

* *Le régime des retraites des fonctionnaires civils avant la loi de « budgétisation » du 8 juin 1853* ; Jean-Marie Thiébaud, Antoine Mérieux, Christophe Marchand ; Revue d'économie financière / Année 1995 / 35 / pp. 273-303

* La Documentation française, Commissariat Général du Plan, *Livre blanc sur les retraites*, Paris ,1991, p. 9.
* La Documentation française, Gilles Nezosi, *La protection sociale*, 2e édition, décembre 2021, 360 p.
* https://politiques-sociales.caissedesdepots.fr/retraite-des-mines
* www.clesdusocial.com/avril-1910-premiere-loi-sur-la-retraite
* www.musee-assurance-maladie.fr/sites/default/files/users/user38/Loi%20du%205%20avril%201910%20sur%20les%20ROP.pdf
* www.ined.fr/fr/tout-savoir-population/graphiques-cartes/graphiques-interpretes/esperance-vie-france/#r219
* site http://grandterrier.net/

La plupart des textes mentionnés ci-dessus sont cités dans le livre de Legrand-Thierry-Browaëys[88]

Ils ont été vérifiés, autant que faire se peut. La plupart se retrouvent sur le site www.legifrance.gouv.fr

* Loi du 21 juillet 1909 ; ordonnance n° 45-2250 du 4^{r} octobre 1945 ; ordonnance n° 2256 du 19 octobre 1945 ; Loi n° 48-101 du 17 janvier 1948 ; Loi n° 56-1222 du 1er décembre 1956 ; Loi n° 63-1240 du 18 décembre 1963 ; ordonnance n° 67-706 du 21 août 1967 ; Décret n° 2000-393 du 10 mai 1993 ; ordonnance n° 2004-605 du 24 juin 2004 simplifiant le minimum vieillesse ; Loi n° 2010-1330 du 9 novembre 2010 ; Loi n° 2014-40 du 20 janvier 2014…

[88] Legrand*Thierry Browaëys, *Réformer les retraites, une crispation française*, Edition l'Harmattan, Avril 2022, 230 p

Des mots et expressions liés à l'histoire et à la complexité

A

C

D

E

F

G

I

J

L

M

N

O

P

R

S

T

V

Table des matières

Structures éditoriales du groupe L'Harmattan

L'Harmattan Italie
Via degli Artisti, 15
10124 Torino
harmattan.italia@gmail.com

L'Harmattan Hongrie
Kossuth l. u. 14-16.
1053 Budapest
harmattan@harmattan.hu

L'Harmattan Sénégal
10 VDN en face Mermoz
BP 45034 Dakar-Fann
senharmattan@gmail.com

L'Harmattan Cameroun
TSINGA/FECAFOOT
BP 11486 Yaoundé
inkoukam@gmail.com

L'Harmattan Burkina Faso
Achille Somé – tengnule@hotmail.fr

L'Harmattan Guinée
Almamya, rue KA 028 OKB Agency
BP 3470 Conakry
harmattanguinee@yahoo.fr

L'Harmattan RDC
185, avenue Nyangwe
Commune de Lingwala – Kinshasa
matangilamusadila@yahoo.fr

L'Harmattan Congo
219, avenue Nelson Mandela
BP 2874 Brazzaville
harmattan.congo@yahoo.fr

L'Harmattan Mali
ACI 2000 - Immeuble Mgr Jean Marie Cisse
Bureau 10
BP 145 Bamako-Mali
mali@harmattan.fr

L'Harmattan Togo
Djidjole – Lomé
Maison Amela
face EPP BATOME
ddamela@aol.com

L'Harmattan Côte d'Ivoire
Résidence Karl – Cité des Arts
Abidjan-Cocody
03 BP 1588 Abidjan
espace_harmattan.ci@hotmail.fr

Nos librairies en France

Librairie internationale
16, rue des Écoles
75005 Paris
librairie.internationale@harmattan.fr
01 40 46 79 11
www.librairieharmattan.com

Librairie des savoirs
21, rue des Écoles
75005 Paris
librairie.sh@harmattan.fr
01 46 34 13 71
www.librairieharmattansh.com

Librairie Le Lucernaire
53, rue Notre-Dame-des-Champs
75006 Paris
librairie@lucernaire.fr
01 42 22 67 13

www.ingramcontent.com/pod-product-compliance
Lightning Source LLC
LaVergne TN
LVHW051408061026
849535LV00009B/3427
* 9 7 8 2 1 4 0 3 3 5 9 8 3 *